DEPOIMENTOS

"Foi gratificante ler uma obra que traz uma teoria consistente, metodologia lógica e, sobretudo, aplicabilidade no dia a dia. Indico para aqueles que ocupam posição de liderança nos três grandes níveis de uma organização, para profissionais que atuam na área de projetos e negociação e ainda para os acadêmicos que estão em processo de formação."
Prof. MSc. Gilmar Silva de Andrade, MBA – Curitiba (PR). Coordenador Geral de Educação Corporativa e Executiva da Universidade Positivo

"Os autores tratam temas interessantes, polêmicos e instrutivos relacionados à negociação com enfoque prático na esfera do Gerenciamento de Projetos, contando com a vasta experiência de ambos nesse campo. Leitura recomendada ao profissional que integra projetos de qualquer natureza, independentemente de qual seja sua posição e perfil, até porque, como bem abordado no livro, saber negociar é uma habilidade que ultrapassa o campo profissional e atinge a esfera pessoal, trazendo melhorias significativas para o bom negociador. Adicionalmente, sou superfã das obras do Prof. Armando Terribili e especialmente da forma didática, lúdica e profissional como ele transmite seus conhecimentos aos alunos."
Dra. Marisol Sayuri Minamoto Rosado, MBA – São Paulo (SP). Advogada integrante do corpo jurídico da CA Technologies, Brasil

"Excelente! Fácil leitura e empolgante. Aborda um ótimo referencial teórico e novos conceitos propostos pelos autores, integrados com a prática e *cases* reais, o que permite ao leitor a oportunidade de aplicar o conhecimento adquirido imediatamente. A estrutura do livro facilita consultas rápidas em relação ao tipo de negociação e partes interessadas envolvidas na arte da gestão de projetos."
Leandro Araújo Rezende, PMP®, MBA – Uberlândia (MG). Diretor de Interiorização e Alianças do PMI-MG.

"O PMI® prega o triângulo de talentos do Gerente de Projetos composto por: conhecimentos e habilidades técnicas (conhecimentos específicos e domínio de técnicas de gestão), gerenciamento estratégico e de negócios (conhecer a empresa do projeto e alinhar seus objetivos estratégicos e de negócios ao projeto) e liderança (que envolve os '*soft skills*' como capacidade de comunicação, negociação, dentre outros). Esse livro veio a agregar as habilidades de liderança do gerente de projetos, trazendo muito conteúdo teórico e prático de técnicas de negociação, com o diferencial de ser ajustado ao contexto de projetos. Um '*must have*' na área de Gerenciamento de Projetos!"

Margareth Carneiro, MSc, PMP® – Brasília (DF). Especialista em gestão de portfólio, programas e projetos, Pesquisadora do INEP e Professora de MBA

"Racional e compreensiva visão de como obter o melhor de cada negociação, interna e externa, em um momento em que cada vez mais esta habilidade é requerida pelas organizações. Se um gestor de projetos necessita de um guia prático para boa negociação, este é o guia. O livro demonstra como o gestor pode assegurar a obtenção de melhores benefícios nas negociações para sua organização e para o seu próprio sucesso de carreira."

Claudio Soutto, PMP®, MBA. – São Paulo (SP). KPMG

"Leitura extremamente agradável e de fácil compreensão, que propõe, além de uma teoria objetiva e conceitos diferenciados, a exemplificação de casos verídicos de negociações com foco em Projetos. Aborda não só a questão técnica envolvida, como também aspectos psicológicos e comportamentais de grande importância para qualquer negociação de sucesso."

Patricia da Costa Aguiar – São Paulo (SP). Psicóloga, com graduação complementar em Comunicação Mercadológica. Consultora na área de Recursos Humanos.

"Simplesmente uma obra-prima atemporal! Utilizando-se de uma linguagem leve e direta, faz o leitor repensar e avaliar a importância da habilidade de se negociar dentro do ambiente de projetos. De forma estruturada, o livro apresenta não somente uma sólida explicação sobre as técnicas específicas de negociação, mas também diversos estudos de casos práticos que ajudam o leitor a compreender, claramente, como essa habilidade é de extrema importância para o Gerenciamento de Projetos."

André Luiz Rocha, MBA, PMP® – Rio de Janeiro (RJ). Especialista em gestão de projetos e criação de modelos de governança. Sócio diretor da Go Live e professor de pós-graduação

ARMANDO TERRIBILI FILHO, PMP
MARCELO CARVALHO MARTINS, PMP

NEGOCIAÇÃO EM PROJETOS

Como obter melhores acordos no Gerenciamento de Projetos

M.Books do Brasil Editora Ltda.

Rua Jorge Americano, 61 - Alto da Lapa
05083-130 - São Paulo - SP - Telefones: (11) 3645-0409/(11) 3645-0410
Fax: (11) 3832-0335 - e-mail: vendas@mbooks.com.br
www.mbooks.com.br

Dados de Catalogação na Publicação

TERRIBILI FILHO, Armando; MARTINS, Marcelo C.

Negociação em Projetos: Como obter melhores acordos no Gerenciamento de Projetos/ Armando Terribili Filho e Marcelo Carvalho Martins. 2017 – São Paulo – M.Books do Brasil Editora Ltda.

1. Gerenciamento de Projetos 2. Administração Estratégica 3. Negócios

ISBN 978-85-7680-288-4

© 2017 by Armando Terribili Filho e Marcelo Carvalho Martins

Editor: Milton Mira de Assumpção Filho

Produção editorial: Lucimara Leal

Capa: Isadora Mira

Editoração: Crontec

2017
Proibida a reprodução total ou parcial.
Os infratores serão punidos na forma da lei.
Direitos exclusivos cedidos à
M.Books do Brasil Editora Ltda.

Dedicamos este livro a todos que negociam de forma ética, pois são livres e colaboradores na construção de uma sociedade justa e democrática.

Sumário

Nota sobre os autores 11

Prefácio 13

Agradecimentos 17

Como usar este livro 23
    Notas de rodapé 24
    Nomenclatura 24
    Aspecto visual 24

Introdução 27

1. Fundamentos de Negociação 31
    1.1 Conceito e história 34
    1.2 A arte de negociar 35
    1.3 Ética nas negociações 38
    1.4 Negociar: habilidade nata ou desenvolvida? 41
    1.5 Presencial ou a distância? 42

2. Estratégias para Negociação 45
    2.1 O que eu sei e o que eles sabem? 46
    2.2 Foco no relacionamento ou nos resultados? 49
    2.3 Dimensões da negociação 55
        2.3.1 A realidade dos negociadores 55
        2.3.2 A habilidade de relacionamento 56

2.3.3 Conhecimento das técnicas de negociação..................................... 57
2.3.4 Conhecimento do assunto ou negócio... 58
2.3.5 Mapa de influência.. 58
2.4 Regras para uma negociação efetiva.. 59
    2.4.1 Presumir a competência do outro... 59
    2.4.2 Preparar, preparar e preparar... 60
    2.4.3 Negociar sem a pressão do relógio... 60
    2.4.4 Eliminar os ruídos e focar nos interesses.. 61
    2.4.5 Construir o consenso.. 62
2.5 Fatores envolvidos na negociação.. 63
    2.5.1 Entendimento do objetivo... 63
    2.5.2 Informação... 64
    2.5.3 Influência.. 66
    2.5.4 Tempo.. 67
    2.5.5 Táticas e contratáticas.. 68
2.6 Compromisso e coerência.. 73
2.7 Princípio do contraste... 76

3. Os Elementos para a Negociação 79
3.1 Comunicação... 79
3.2 Compromisso.. 85
3.3 Compreensão, empatia e confiança.. 90
3.4 Equilíbrio, razão *versus* emoção... 94
3.5 Persuasão.. 98
3.6 Estereótipos.. 101
3.7 Liderança, grupo e poder.. 104
3.8 Aceitação e aspectos culturais.. 107

4. Etapas da Negociação 111
4.1 Antes.. 112
    4.1.1 Definição da estratégia.. 112
    4.1.2 Planejamento e preparação.. 113
    4.1.3 Escolha das táticas e papéis... 116
4.2 Durante.. 119
    4.2.1 Abertura e apresentação... 119
    4.2.2 Exploração.. 122
    4.2.3 Tentativa do acordo... 124
    4.2.4 Fechamento... 127
4.3 Depois... 129
    4.3.1 Avaliação... 129

5. **Negociação em Projetos** 131
   5.1 O que se negocia em projetos? E com quem? 132
   5.2 Patrocinador (*sponsor*) 136
   5.3 Cliente externo... 140
   5.4 Cliente interno... 143
   5.5 Fornecedor 146
      5.5.1 Combinação Técnica/Preço 147
      5.5.2 O que negociar com fornecedores? 150
   5.6 Parceiros 153
   5.7 Equipe do projeto.. 157
   5.8 Áreas internas da organização: Jurídico, Compras e Financeiro 161
      5.8.1 Projetos para clientes... 161
      5.8.2 Projetos internos.. 163

Apêndice   Situações Atípicas 165
   A1. Negociação crítica 165
   A2. Negociação áspera 167
   A3. Negociação com pessoas difíceis 170

Referências... 175

Índice Remissivo... 181

Nota sobre os autores

Armando Terribili Filho

Pós-doutor em Metodologias de Gerenciamento de Projetos, doutor em Educação pela Universidade Estadual Paulista (UNESP) e mestre em Administração de Empresas pela FECAP São Paulo. Bacharel em Matemática pela Fundação Santo André. É professor em cursos de pós--graduação da Universidade Positivo, UNIVALI (SC) e ESIC de Curitiba.

Diretor Executivo da Impariamo Cursos e Consultoria (Curitiba). Trabalhou na Unisys Brasil por mais de 25 anos e em outras empresas, como Alcan, Coca-Cola (Spal), J.W. Thompson e Copebrás. Como Diretor de Projetos na Unisys foi certificado nos Estados Unidos como *Black Belt*, atuando no programa *Six Sigma Lean*, gerenciando projetos internacionais. Foi professor titular doutor da FAAP (Fundação Armando Alvares Penteado) na Faculdade de Administração, MBA e pós-graduação, tendo atuado por mais de dez anos na instituição.

Tem publicações científicas nos Estados Unidos, Itália, Espanha, Portugal, Argentina, Chile, Colômbia, Costa Rica, México e Brasil, além de publicações na Revista Mundo Project Management e Valor Econômico. Foi palestrante na Ciudad de Panamá. Detém as certificações Project Management Professional (PMP®) do PMI® desde 2003 e ITIL.

Autor dos livros Indicadores de Gerenciamento de Projetos (M.Books, 2010 – reimpressão 2014), Gerenciamento de Projetos em 7 passos (M.Books, 2011 – reimpressão 2016), Gerenciamento dos Custos em Projetos (Elsevier, 2014) da coleção Grandes Especialistas Brasileiros em Gerenciamento de Projetos. É coautor de Ensino Superior Noturno (M3T, 2009) e *Lessons Learned* em Gerenciamento de Projetos (M.Books, 2015).

Marcelo Carvalho Martins

É MBA em Gerenciamento de Projetos pela Fundação Getúlio Vargas (FGV) e graduado em Sistemas de Informação pela Fundação Universidade Regional de Blumenau (FURB). Possui as certificações Project Management Professional (PMP®) desde 2009, Risk Management Professional (PMI-RMP®), Cobit 5.0, ISO 20.000, Exin Cloud Computing, ITIL Manager e ITIL Expert.

É professor em cursos de MBA em Gerenciamento de Projetos da Faculdade de Informática e Administração Paulista (FIAP) em São Paulo e é professor convidado em instituições como Uniasselvi em Santa Catarina e SENAC no Estado de São Paulo. É articulista do site "TI Especialistas" e criador do site e blog "O Gerente de Projetos".

Possui experiência de mais de 14 anos em Gerenciamento de Projetos, incluindo projetos de outsourcing, estratégia de Tecnologia da Informação (TI), implantação de sistemas de gestão, gerenciamento de serviços de TI, implantação de Escritório de Projetos (PMO – Project Management Office), entre outros projetos em vários tipos de indústria (manufatura, bens de consumo, varejo e financeira). Durante a carreira trabalhou em empresas como TIM, Bunge Alimentos, Perdigão e Deloitte Consultoria, nas quais gerenciou projetos nacionais e internacionais dos mais variados portes e complexidades.

Atua como voluntário do Project Management Institute (PMI®) e foi o Presidente do Conselho Fiscal e Vice-Presidente de Administração e Finanças no chapter de Santa Catarina entre 2009 e 2011. Atualmente é Gerente de PMO na Senior Sistemas, responsável por uma carteira de mais de 350 projetos em todo o Brasil.

Prefácio

Ao falar sobre negociação, vem imediatamente à cabeça a ideia de um perfil que, por ter afinidade nesta área, direciona sua carreira para o departamento comercial. Essa correlação é muito restrita e pode ser enganosa. Todos nós negociamos o tempo todo e desenvolver habilidade de negociação é importante não apenas para qualquer função corporativa como também na relação interpessoal.

Podemos notar que todas as funções vêm passando por um processo de ampliação de conhecimento. As corporações atualmente buscam excelência e lucratividade num mercado extremamente competitivo, onde não há espaço para os profissionais que restringem sua atuação a um mínimo necessário. Vivenciei esta questão fortemente gerenciando equipes comerciais. O perfil desse profissional comercial, principalmente quando falamos de venda de longo prazo, é complexo. Se voltarmos no tempo por algumas poucas décadas, poderemos verificar que a atividade comercial era dominantemente voltada às vendas instantâneas, com ciclo curto de venda, remetendo ao poder do relacionamento a chave do sucesso para a transação comercial. No entanto, esse conceito mudou radicalmente, sendo certo que o profissional comercial atual tem de desenvolver habilidades complexas, complementares e integradas, o que criou um problema para a área de recrutamento de recursos humanos, pois necessita buscar candidatos que sejam portadores de um significativo leque de conhecimentos. A dificuldade começa na graduação do profissional, que é variada, normalmente não servindo como parâmetro decisório no processo de qualificação.

Temos ainda vários mitos que envolvem a profissão comercial. Por mais que demande uma profunda formação, não se vê uma família que, olhando para o filho que inicia seu processo educativo, diga aos amigos: "Este será um excelente comercial!". A família quer um engenheiro, médico, advogado, professor (hoje nem tanto, infelizmente). Ao contrário, caso o infante não apresente um bom rendimento escolar, será orientado a desenvolver a sua carreira na área comercial. Esse cenário é um equívoco cultural que ainda persiste.

Como executivo desta área, passei significativa parte da minha carreira incentivando, enfatizando a necessidade e a busca incansável pelo conhecimento e a expansão da atenção do profissional para o entendimento de projetos, entregas, negociação de contratos, planejamento de contas, planejamento de oportunidades, previsão de vendas, dentre outros aspectos que envolvem uma oportunidade de negócio. Talvez o maior esforço tenha sido acrescentar disciplina para o perfil do profissional comercial. Disciplina é uma característica que não é comumente encontrada no profissional da área comercial.

Ao ler este livro, percebi que este fenômeno, de se desenvolver em áreas correlatas, vem ocorrendo em diversas profissões e a similaridade com a atividade de Gerência de Projetos segue essa tendência.

O mercado atual já não comporta o profissional que restringe sua visão à estrita execução do projeto, em obediência estática a um contrato. Habilidade de negociação, relacionamento interpessoal, iniciativa, liderança, conhecimento do contexto do negócio e entendimento do valor que está sendo entregue são fatores fundamentais para resultados excepcionais. São elementos-chave que propiciam ampliação e criação de um relacionamento de longo prazo.

Quanto à habilidade de negociação, usualmente utilizamos nossos instintos de forma não estruturada e, sem perceber, fazemos uso apenas do que aprendemos com nossa experiência pessoal. Também é comum acreditar que o processo de negociação sempre está ligado a valores diretos. Falácia! As negociações mais complexas dizem respeito aos mais diversos aspectos. No caso de um contrato de prestação de serviço, por exemplo, negociamos praticamente todo o escopo. Desde o objeto do projeto (que pode sofrer variações sutis, mas relevantes), passando por diversos tipos de itens que impactam toda a atividade, como prazo, alocação de pessoal (quantidade e perfis), cadência de acompanhamento, penalidades e multas, critérios de aceite e outros fatores que inclusive impactam preços e qualidade, sendo determinante para celebrar um caso de sucesso ou amargar um fracasso.

A iniciativa de orientar o Gerente de Projeto, municiando sua atividade com técnicas de negociação é excelente, adequada e vem num momento oportuno. Este livro vem preencher um *gap* importante para o profissional que gerencia projetos. Imaginar que esta atividade não requer negociação é um equívoco semelhante a afirmar que o perfil comercial não precisa ter sólido embasamento técnico.

Costumo dizer que em geral caímos na armadilha de acreditar que temos controle sobre o processo de negociação. Na minha experiência, noto que raramente temos o conhecimento real da situação, não pesquisamos o suficiente sobre a situação da empresa ou sobre o entendimento da real proposta de valor que ofertamos, bem como talvez não temos conhecimento suficiente sobre o perfil, valores e situação dos envolvidos no processo. O fato de subdimensionar o conhecimento acontece a todo momento. Quantas vezes acreditamos ter uma visão clara, e com o tempo notamos que estávamos com um viés restrito e deixamos de olhar e perceber todo um contexto que nem sequer notamos. Caso sirva de consolo, a própria evolução da ciência na história da humanidade mostra que as mais brilhantes mentes caíram nesse erro. Vamos aprender e humildemente reconhecer que nosso conhecimento, em geral, é limitado e precisamos ficar atentos para nos questionarmos frequentemente sobre nosso entendimento de uma situação.

Neste livro, o leitor encontrará um guia para uma boa preparação. Unir a experiência a um processo estruturado de preparação para negociação aumenta exponencialmente a chance de sucesso. A leitura fica bem agradável e didática pelos inúmeros exemplos reais e práticos que os autores inseriram, ilustrando e levando o leitor a reflexões sobre seus próprios processos então vivenciados. Pela forma como foi estruturado, após sua leitura, este livro não vai para a estante, ele pode servir como um manual, um guia a ser utilizado acessando-se diretamente o tema desejado.

Aproveitem!

Rui Martins Rosado
Após 18 anos de experiência em Engenharia de Software orientou sua carreira para Administração Empresarial e posteriormente dedicou sua especialização para venda de serviços complexos. Nos últimos 16 anos vem ocupando cargos de liderança comercial em empresas multinacionais. Sócio fundador da start up IdCel – Solução para monitorar visitas com segurança e previsibilidade.

Agradecimentos

Armando Terribili Filho

Escrever um livro em parceria propicia troca de experiências, compartilhamento de ideias e divisão de esforços. Todavia, é condição *sine qua non* existir afinidade pessoal e aderência de valores. Felizmente, sempre tive sucesso nas parcerias de artigos e livros. Com Marcelo não foi diferente: amigo, criativo, organizado, capacitado e comprometido com qualidade em tudo o que faz.

Escrevi este livro em Curitiba, cidade onde vivo há três anos, famosa por sua organização, infraestrutura, com deslumbrante visual urbano de avenidas arborizadas e modernos edifícios, evidenciando seu lado cosmopolita, mas sem lhe roubar o provincianismo prazeroso de seus bairros com exuberantes araucárias.

Agradeço a meus familiares, representando-os por meio de meus sobrinhos Marcio Miranda, José Francisco Marconi Junior, Fabrizio Zannini e de minhas cunhadas Liz, Valderez, Alba, Sonia e Neusa, minha gratidão pela acolhida.

O PMI®-PR foi fundamental neste processo de integração com o Paraná. A relação exclusivamente profissional caminhou para uma amizade de muitos cafés no Kaminski e almoços com Marcos Schafer, Sérgio Martines, Rafael Kaminagakura e Vinícius de Araújo.

Indispensável mencionar o apoio do CRA-PR: o carismático Prof. Gilmar Silva de Andrade, o amigo José Luiz Nicolelis e a prestativa Marionn Miceli. Só tenho a agradecer ao IEP – Instituto de Engenharia do Paraná, em particular ao Prof. Nelson Luiz Gomez e Suzy Machado. Na Visão Contábil, meu agradecimento à eficaz e competente Isabele Dobis Calisto, Carlos Milcarski, Liudmilla Lukaszczuk, Reginoldo Sprada e Roque Paulo da Silva.

Dentre os novos amigos (mas sempre presentes), o criativo Thiago Ayres, o determinado Guilherme Fortes, o parceiro de *Lessons Learned* Anderson Godzikowski e o músico *fratello* italiano de União da Vitória Gianfranco Muncinelli, companheiros do tradicional risoto de linguiça de Blumenau do Sottile no Shopping Omar.

São tantos os alunos e funcionários marcantes da Universidade Positivo e da ESIC que necessitaria de algumas páginas para mencioná-los; represento-os por meio de Mara Martins, Denis da Silva Braz, Marcos Paulo de Campos, Marcelo Cabral de Matos, Rivail Gonçalves de Lima, Alexsandro Cesar Carneiro, Rhodes Klem Bauer, Eduardo Augusto de Barros, Lizandra Marin, Luiz Marcolin, Mauro Grabowski Jr., Angela Secchi Ribeiro, Leopoldo Rolim, Flavio Weyand do Valle, Regiane Andreoli, Paulo Saraiva, Jair Cabral Jr., Alessandra Barreto, Emmanuelle Mello, Aliete Michalski e Karin Gellerth. Quantos aos professores: Pollyana Gaspar, Luciane Botto, Mauricio Mallmann e Luciano Castro pela disponibilidade, sugestões didáticas e gastronômicas...

De Santa Catarina, devo agradecer aos queridos amigos da UNIVALI, em particular aos profissionais e alunos, Ovídio Felippe Jr., Paulo Moreno (de Bauru), Carlos Alexandre de Oliveira, Cintia Camera, Gislei Bail Braun, Fabiano Marques Lopes Vieira, Clovis Eduardo da Luz Silva, Marcus Hinnig, Costabile Gregório, Miriam Mello do Amaral e Sabrina Marinho Ferreira.

De São Paulo, haveria milhares de nomes, pois além de ser paulista, atuo profissionalmente há mais de 35 anos no estado. Menciono alguns nomes que injustamente nunca foram citados em outros livros: o amigo e ousado advogado Gerson Ring, o incentivador Pedro Panos, a competente Lais Barra, a alegre Denise Appezzato, a criativa Ana Laura Bentancor, as sempre presentes Janette Sakamoto e Solange Gaglioti, o ousado Gustavo Iwanaga, o companheiro Wilson Sindona e os irmãos de *pizzerie* André Luiz Nadjarian (com "z") e Marcelo Seri Fernandes.

Minha eterna gratidão a meu saudoso pai, de quem tenho a honra de ter o nome e procuro seguir seu caminho de retidão e ética. Agradeço a minha mãe, exemplo de coragem e alegria; a meus filhos Leonardo e Bruna, respectivamente, companheiros de Vila Belmiro e de Santa Felicidade; à minha esposa e amiga Leila e minhas irmãs de tantas alegrias Valquiria e Valderez.

Marcelo Carvalho Martins

Antes de começar a pensar em um texto de agradecimento imaginei que seria fácil, mas, quando comecei, percebi o quanto é difícil escrever e transformar em palavras a gratidão que devo às pessoas que me permitiram fazer toda uma história pessoal e profissional. Percebi, então, que este espaço poderia ser uma ótima oportunidade de explicitar e reconhecer os que fizeram a diferença e que ajudaram de alguma maneira, começando pelo Armando, que conheci em um evento do PMI®-SC em que ele participou como palestrante, trocamos contatos e a partir daí começamos uma grande amizade. Agradeço-o por confiar no meu trabalho, pela paciência, didática, por acreditar na parceria e, principalmente, por me oferecer a oportunidade de escrever com um dos grandes profissionais do Gerenciamento de Projetos.

Na minha passagem na Diretoria do PMI®-SC conheci grandes profissionais como o Nikolai Albuquerque (*in memoriam*), que me ajudou a crescer como profissional de Gerenciamento de Projetos e me convidou para fazer parte da Diretoria do PMI® de Santa Catarina, a Daisy Lovera pelos tantos *happy hours* que nos deram tantas ideias... Luiz Henrique, Everaldo Grahl, Fábio Cruz, Eliane Figueiró e Jackson Rovina.

Em minha experiência profissional na Deloitte, agradeço especialmente ao Claudio Soutto, que com jeito pragmático me ensinou várias lições, ao Ricardo Schuette pelos vários *feedbacks* e orientações, ao Fábio Oliveira pela facilidade de tratar problemas e ajudar nas soluções, ao Rodrigo Periotto pela parceria nos projetos, mesmo nos momentos mais difíceis, ao Gutenberg Silveira por todos os ensinamentos e exemplo de líder, ao Thiago Suzano por todo apoio assim que cheguei na empresa, ao Marcus de Araújo pelas críticas e direcionamentos, ao Alfredo Bittencourt, Paulo Machado e Felipe Sammarco pela ajuda em todos projetos que entregamos.

Como professor da FIAP, gostaria de agradecer especialmente ao Danubio Borba (*in memoriam*), que acreditou no meu trabalho e me contratou como docente, ao Ricardo Grohmann e aos professores Anderson Pinto, Armando Oliveira, Enock Godoy e Alberto Parada.

Na Senior Sistemas, empresa que tenho a felicidade e o orgulho de trabalhar atualmente, destaco o Evandro Mees pela confiança e apoio, o Alex Sugyama pelas conversas e *insights*, o Vilson Gessner, meu braço direito, e toda minha equipe de coordenadores e gerentes de projeto, que acabam me ensinando muito também.

Na minha passagem como parte do corpo docente da pós-graduação em Gerenciamento de Projetos da Universidade São Judas Tadeu, agradeço ao professor Aluizio Saiter pela parceria, oportunidades e por acreditar no meu trabalho. Agradeço também ao Raphael Donaire Albino do SENAC de Bauru (SP) pela oportunidade de atuar nesta importante instituição.

Agradeço aos colegas e amigos que fizeram MBA na FGV comigo, especialmente a Adoniran, Cristiane, Vladimir, Rodrigo, Falcão, Cacau e Gustavo.

Aos amigos – Jean Bartelt, negociador nato, que poderia perfeitamente ser um dos autores deste livro. Ao Emerson Cabral, pelo incentivo e positivismo contagiante de sempre. Ao Leandro Alfieri, por ensinar que com "foco e determinação" tudo se consegue, ao Takaharu Ushino, Claudio, Frank Tavares, Anderson Godzikowski, Rafael Pascucci, Alexandre Kuerten, Rafael Freitas e Rodrigo Schweitzer, amigos do peito.

Não poderia deixar de reconhecer a minha amada Suelen Calixto, que me incentivou, empurrou, colocou na linha e compreendeu as noites e os finais de semana que sacrificamos para que eu pudesse me dedicar a este livro, entre outros tantos compromissos.

Sou muito grato a meus filhos Ágata e Ronan, que são entre tudo, minha fonte de inspiração e a luz da minha vida. A minha mãe Marlene Mateus que é um exemplo em vida de mulher guerreira, amorosa, dedicada, compreensiva e cuidadosa. Ao meu pai pelos ensinamentos éticos e que muito me influenciaram para o que sou hoje e pelo que defendo.

Jamais negociemos por medo,
mas nunca temamos negociar.

JOHN F. KENNEDY,
presidente dos Estados Unidos, 1961-1963

Como usar este livro

Há excelentes obras que tratam o tema "negociação" – de autores nacionais e internacionais. Prova disso é a extensa lista que foi consultada para a elaboração deste livro. Entretanto, as negociações na área de Gerenciamento de Projetos têm suas particularidades, pois na maioria das vezes a negociação não é competitiva (abordagem de muitas publicações sobre "negociação"), mas sim colaborativa. Ademais, em projetos, não se negocia somente com fornecedores e clientes, mas também com parceiros de negócios, com a equipe do projeto, usuários, *stakeholders* (partes interessadas), *sponsor* (patrocinador), dentre outros.

Aqueles que vivem o dia a dia de projetos sabem que, muitas vezes, a negociação transcende aspectos exclusivamente financeiros e aportam em extensão de prazos, alocação/substituição de recursos, definição de requisitos, ampliação/redução de escopo, critérios de aceite e até em condições de viagem e estadia, quando a equipe está atuando em projetos em locais distantes da base de trabalho.

A intenção, portanto, foi elaborar um livro que contemplasse essas características do ambiente de projetos (aliando teoria e prática) e que, ao mesmo tempo, fosse fácil de ser consultado e utilizado. Assim, o livro foi dividido em cinco capítulos (Fundamentos de Negociação, Estratégias para Negociação, Elementos para a Negociação, Etapas da Negociação e Negociação em Projetos) e um Apêndice que discute as Situações Atípicas em negociação, quando são abordados os temas: negociação crítica, áspera, com pessoas difíceis, incluindo situações de encenação intimidadora, tentativa de suborno e outras questões antiéticas.

Para facilitar o corrido dia a dia do gerente de projetos, o livro pode ser lido em qualquer sequência, no final são apresentadas as Referências e, em seguida, o Índice Remissivo, a fim de facilitar e agilizar o acesso a temas específicos.

Notas de rodapé

As notas de rodapé visam à apresentação de conceitos específicos de determinadas áreas, que nem sempre são de conhecimento comum, com o objetivo único de facilitar o entendimento de todos, como: comodato, *home-office*, SLA, *outsourcing*, análise de causa raiz, etc.

Nomenclatura

Significado de dois termos utilizados neste livro:

- **consultoria** – este termo é empregado com o sentido de empresa fornecedora que presta serviços a outra organização;
- **gerente de projetos** – termo utilizado no masculino por mera convenção, embora não haja distinção de gênero no exercício da profissão.

Aspecto Visual

No livro, sempre que possível, são mostrados Quadros e Figuras, visando ilustrar os conceitos apresentados. Há dois símbolos que são utilizados por todo o livro. Esses símbolos com textos são apresentados com fundo cinza, para que se identifique imediatamente tratar-se de "prática" de projeto. São eles:

 CASO REAL

Apresentação de forma sucinta de uma situação real de negociação envolvendo um gerente de projetos (que é necessariamente um dos autores do livro), descrevendo o contexto, o desenvolvimento e o fechamento da negociação. Evidentemente, não há qualquer citação de nome de empresas, organizações ou de profissionais – a fim de se manter a confidencialidade necessária.

 PONTOS DE DESTAQUE

É a síntese de relevância de um determinado item do livro ou de "Caso Real" apresentado.

Introdução

Na área de Gerenciamento de Projetos, assim como no mundo dos negócios, a habilidade de negociar é considerada uma das competências mais importantes e que deve estar presente no perfil profissional dos profissionais que atuam na área. Saber negociar bem pode ser um fator determinante para que o projeto obtenha sucesso, ou seja, entregue de acordo com seus requisitos de qualidade, com mínimo desvio do orçamento, no prazo estabelecido e que atenda às expectativas das partes interessadas.

Como instrumento gerencial, a negociação se perfaz como uma disciplina essencial e um dos pilares para o crescimento empresarial e o empreendedorismo. O Project Management Institute (PMI®), ao conceituar projeto como um esforço temporário empreendido para criar um produto, serviço ou resultado exclusivo, leva à conclusão que se deva haver uma qualificação de perfil profissional do gerente de projetos como uma pessoa empreendedora e, intrinsicamente, com habilidades de negociação. Essas habilidades podem fazer parte do talento nato do profissional ou serem adquiridas/desenvolvidas ao longo da carreira por meio de estudos e treinamentos direcionados à estruturação dessa importante competência do gerente de projetos.

Este livro aborda de modo prático técnicas já consolidadas, baseadas em estudos que auxiliam na obtenção de melhores acordos. Por meio de casos reais que vivenciamos, o tema é tratado considerando o contexto e a rotina do Gerenciamento de Projetos, prática presente atualmente nas organizações.

No primeiro capítulo do livro, abordamos os conceitos e aspectos fundamentais dos estudos sobre negociação e seu histórico, desmistificação do tema, passando por aspectos comportamentais éticos que estão relacionados e questões sobre o desenvolvimento do aprendizado e das habilidades.

Apresentamos no segundo capítulo as possíveis estratégias de negociação que podem ser empregadas, servindo como base de sustentação para qualquer contexto, tanto pessoal como profissional. Ainda são tratados temas relacionados ao comportamento pessoal diante de uma situação de negócios, observando-se o equilíbrio entre os resultados e os impactos no relacionamento entre as partes. Também são abordadas as dimensões da negociação, os diversos influenciadores e os aspectos relevantes que precisam ser considerados para que se obtenha um bom acordo.

No terceiro capítulo, tratamos de diferentes elementos de natureza comportamental dos negociadores que precisam ser entendidos e considerados. A comunicação, como sendo uma peça-chave e determinante nas relações pessoais. Questões relacionadas à capacidade de ouvir, interpretar e ter empatia, são abordadas com exemplos práticos e situações do cotidiano. A questão da fidelização aos acordos estabelecidos a partir de um compromisso também é tratada neste capítulo.

Por meio do quarto capítulo, sugerimos um roteiro básico com algumas etapas que podem ser seguidas e que vão desde a definição da estratégia, passam pelo planejamento, preparação e apresentação das propostas até o fechamento e avaliação dos resultados. É certo que o emprego das etapas precisa ter como base: o cenário, o tempo disponível e a estratégia de negociação, sendo que estes são aspectos tratados no segundo capítulo, portanto a leitura atenta desses assuntos será de suma importância para a obtenção de melhores resultados.

Embora em todo o livro sejam apresentados exemplos e casos práticos de negociação no contexto do Gerenciamento de Projetos, é no quinto capítulo que são abordadas situações de negociação com os diversos atores possíveis e com os quais o gerente de projetos possa se deparar em rodadas de negociação, ou seja, os *stakeholders* (partes interessadas), patrocinador, clientes (interno e externo), fornecedores, parceiros, equipe do projeto e áreas internas como Jurídico, Compras e Financeiro, são algumas das partes que compõem o rol de possibilidades.

No Apêndice, apresentamos algumas situações atípicas nas negociações e ao final do livro há as fontes de consulta e também a apresentação de um índice remissivo para facilitar o acesso aos principais temas abordados.

Sabemos que negociar é inerente à vida de todos nós na atualidade, porém, saber negociar para obter resultados favoráveis requer dois níveis de preparação. Primeiro, a preparação do profissional no desenvolvimento/aprimoramento de sua competência *(soft skill)* – atividade esta que é contínua ao longo da vida. O segundo nível de preparação é para cada situação que envolve uma negociação, englobando sobretudo, o planejamento, a busca prévia de informações e a definição da estratégia.

Acreditamos que nem sempre você fará uma ótima negociação, mas preparando-se continuamente e refletindo sobre seus erros/acertos (lições aprendidas), certamente você se tornará uma pessoa mais experiente, sábia e bem preparada para obter sucesso em suas negociações profissionais e pessoais.

Conduzir negociações no dia a dia não é uma questão de escolha, mas de necessidade (CARLOTTO, 2015).

Boa leitura!

ARMANDO E MARCELO

CAPITULO 1

Fundamentos de Negociação

Negociar é uma prática constante na vida de todos, algo onipresente, independentemente de vontade ou intenção. Desde a infância e adolescência realizam-se negociações para obter acordos, tratar conflitos, melhorar relacionamentos, obter melhores resultados, etc. Vários exemplos de situações de negociação estão presentes no cotidiano: uma adolescente negocia com seus pais a ida para uma balada em um final de semana, buscando um acordo sobre horários de saída e retorno, aonde vai, como irá e demais condições para liberação; um namorado negocia com sua namorada onde irão passar suas próximas férias, se será em Bariloche ou em Fortaleza; um colaborador da empresa negocia com seu superior imediato o prazo para entrega de uma determinada tarefa; um comprador negocia com um vendedor de automóvel o melhor preço e condições para efetivar a compra; um candidato a uma vaga de trabalho negocia seu salário com seu possível empregador; um país negocia um acordo de paz com outro após anos de conflitos. Enfim, o dia a dia apresenta diversas situações nas quais se utiliza as habilidades de negociação, mesmo que de maneira natural, inconsciente e automática.

Para muitos, a negociação parece ser uma prática reservada para executivos, empreendedores e políticos. Acreditam, equivocadamente, que ser um bom negociador está associado à capacidade de ludibriar os outros com o objetivo de conseguir o que se quer, mesmo que as outras partes sejam prejudicadas. Existem muitas definições para descrever o que é negociação, contudo, há uma convergência para defini-la como sendo um processo que envolve duas ou mais partes interessadas com o propósito de produzir acordos sensatos que sejam adequados e aceitáveis pelas partes.

Assim, pode-se entender que a negociação está associada à capacidade de intervir assertivamente, argumentar, persuadir e contribuir para que se consiga o melhor acordo, sem que haja um "vencedor", pois o resultado precisa ser, preferencialmente, vantajoso e satisfatório para todas as partes, procurando melhorar ou, pelo menos, não prejudicar o relacionamento entre as partes. Portanto, a negociação não deve ser encarada como uma disputa, uma "queda de braço", mas como uma tentativa de se chegar a um acordo, onde partes que têm interesses comuns e convergentes ganhem ou deixem de perder algo. Então, antes de tudo, é necessário desprender-se de alguns preconceitos onde negociar envolve trapacear, ser duro e inflexível, pressionar, não desenvolver intimidade com a outra parte, ser ríspido, entre outros paradigmas acerca do tema. Entende-se que as habilidades-chave para um bom negociador estão na persuasão e na capacidade de se colocar no lugar do outro (empatia), assuntos que serão abordados neste livro.

Como a negociação não significa disputa, discussão ou contestação, as partes envolvidas não podem ser consideradas como adversárias, oponentes ou concorrentes. Neste livro, será adotado o termo "partes interessadas", pertinente ao foco de estudo em Gerenciamento de Projetos. Existem algumas situações em que não há negociação: quando a outra parte concorda imediatamente com aquilo que foi proposto; quando uma questão pode ser resolvida unilateralmente; quando a outra parte se recusa a conversar; quando não há interesses em comum ou, por fim, quando há combinação de algumas destas situações.

No âmbito do Gerenciamento de Projetos as situações que exigem habilidades de negociação são muito comuns, desde os entendimentos para definição dos objetivos do projeto, passando por questões de escopo, requisitos de qualidade, prazo de conclusão, mobilização de recursos, custos envolvidos, chegando a questões menores como a definição da melhor data para realizar uma determinada reunião de progresso do projeto.

Dentre as habilidades necessárias aos profissionais de Gerenciamento de Projetos, a capacidade de negociação é uma das mais importantes. Por tratar-se de uma característica pessoal do comportamento individual do gerente de projetos, além de seu conhecimento técnico e desempenho, explorar e desenvolver a capacidade de negociação é parte fundamental de sua formação. Somente no Guia PMBOK® (PMI®, 2013), a palavra "negociação" e o verbo "negociar" aparecem mais de trinta vezes. A negociação é listada como sendo uma das 11 habilidades interpessoais mais importantes de um gerente de projetos, pois segundo o Guia PMBOK®, quando as negociações são bem conduzidas, aumenta-se a probabilidade de sucesso do projeto. No Project Management Competence Development Framework (PMI®, 2007a), publicação do Project Management Institute (PMI®), o assunto negociação não é tratado diretamente, mas como um assunto ligado à capacidade de influência do gerente de projetos, relacionada a uma dimensão de liderança, portanto ainda pouco explorada.

O tema negociação também é apresentado pelo International Project Management Association (IPMA) no Referencial Brasileiro de Competências do IPMA Brasil (IPMA BRASIL, 2012), como sendo um dos 15 elementos das competências comportamentais.[1] Mesmo assim, o IPMA conceitua o tema no contexto de projetos, definindo alguns passos do processo, as competências-chave para cada nível de certificação vinculada e lista alguns tópicos que precisam ser explorados pelo profissional, como: linguagem corporal, comunicação, liderança, técnicas de negociação, resolução de problemas e gerenciamento de consenso.

Dessa maneira, "saber negociar bem" pode ser o diferencial de um gerente de projetos, profissional que tem como responsabilidade defender os interesses do projeto e participar das decisões que o afetam, sendo fator determinante para o sucesso ao buscar acordos mais vantajosos.

---

1 **Competências Comportamentais.** No Referencial Brasileiro de Competências do IPMA Brasil (IPMA BRASIL, 2012) consta que o sucesso do gerente de projetos depende em grande parte de sua competência em Gerenciamento de Projetos. Para tanto, o IPMA organizou estas competências em três áreas: técnica (20 elementos), comportamental (15 elementos) e contextual (11 elementos). Os elementos das competências comportamentais são: liderança, comprometimento e motivação, autocontrole, assertividade, descontração, abertura, criatividade, orientação para resultados, eficiência, aconselhamento, negociação, conflito e crises, confiabilidade, valores e ética.

1.1 Conceito e história

Quando se fala de negociação há certa mistificação acerca do termo e um entendimento equivocado do que realmente se trata. Há pessoas que se designam como exímias negociadoras, mas o que na verdade fazem é realizar uma disputa pelo menor ou maior preço. Na realidade, negociar não é o mesmo que se obter uma série de concessões e vantagens.

> Negociação é um processo de discussão acerca de uma questão para se chegar a um acordo.

A negociação é um processo interativo, com a participação de duas (ou mais) partes no qual o resultado (acordo) requer que haja consentimento mútuo das condições pelas partes. Por consequência, quaisquer das partes têm a liberdade de aceitar ou rejeitar o que está sendo proposto de forma arbitrária em consonância com seus objetivos e entendimentos. Dessa maneira, a negociação precisa ser encarada como uma interação social de ordem pessoal ou profissional, e que, de modo específico, é determinante para o sucesso na carreira de um gerente de projetos.

Olhando para a história, a negociação existe desde que a humanidade começou a se desenvolver, durante a Pré-História com os primeiros humanos dotados da capacidade de interagir socialmente. Desde que as relações sociais existem, os homens realizam trocas, fazem escambo (troca entre itens de valores equivalentes), fazem concessões, compram, vendem, barganham e realizam todo o tipo de transação em que há interesses. O ato de negociar está relacionado com o suprimento das necessidades humanas de subsistência, segurança, relacionamento, estima e realização pessoal, que são bem representadas pela Hierarquia das Necessidades de Maslow. Embora muitos não gostem de negociar, acabam fazendo isso sem perceber e de forma natural, mesmo que na maioria das vezes saiam perdendo por abster-se de se manifestar ou por desconhecer o modo como devem se comportar. A negociação é onipresente. Em tese, só não negociou quem ainda não nasceu.

Em gerações passadas, na maioria das vezes, as decisões eram tomadas de forma unilateral com base nas relações de poder e autoridade. Cabiam às pessoas com o maior nível na hierarquia social, seja na família, no trabalho ou nas relações sociais. As decisões eram tomadas unilateralmente e as negociações eram realizadas basicamente por meio da coerção, o que obviamente tornava as relações bem mais difíceis. Atualmente as relações sociais mudaram de tal modo que não há mais espaço para esse tipo de comportamento. As organizações estão mais horizontalizadas, as novas gerações já não se permitem ser manipuladas e as informações são mais facilmente encontradas, principalmente com a revolução da Internet e dos meios tecnológicos. As velhas táticas sujas de vendedores estão superadas, pois os compradores têm condições de realizar pesquisas detalhadas dos produtos com antecedência para tomarem a decisão de compra, além das garantias do pós-compra contidas no Código de Defesa do Consumidor (CDC) ou demais legislações pertinentes. As informações de preço, alternativas de fornecedores (inclusive de fora do país) e muitas das variáveis que podem ser discutidas em uma negociação estão bem mais fáceis de serem encontradas. Como os profissionais das empresas possuem mais autonomia, as empresas buscam por equipes autogerenciáveis; a inovação e o dinamismo são crescentes, existe o desafio do gerente de projetos em conseguir mobilizar os profissionais em direção aos objetivos do projeto, mesmo que sua autoridade hierárquica seja limitada, pois não pode simplesmente dar ordens, necessitando aplicar suas habilidades de comunicação e negociação. Portanto, necessitará interagir com pares, colegas, superior imediato, patrocinador, clientes, fornecedores e sua própria equipe para conseguir o que precisa para obter o sucesso do projeto.

1.2 A arte de negociar

A negociação é uma habilidade importante e muito valorizada em qualquer meio profissional, comparada por muitos autores como uma verdadeira "arte". Entretanto, assim como qualquer trato do relacionamento humano, negociar não é uma ciência exata e nem toda técnica ou tática funcionará da mesma forma em todas as situações e com todos. Negociar envolve relacionamento, crenças, cenários, sentimentos, realidades, momentos, influenciadores e certamente não se pode esperar que parâmetros similares em um universo de variáveis produzirão os mesmos resultados. Assim, não existe uma maneira única nem mesmo dez ou cem maneiras de negociar. Existem milhões de maneiras, dependendo das metas, de quem é a outra parte e de qual o processo escolhido. (DIAMOND, 2012).

Faz parte de qualquer cenário de negociação a habilidade de se adaptar e mudar o rumo do processo ao deparar-se com uma mudança inesperada. Devido à natureza dinâmica do processo de negociação, a agilidade na tomada de decisão e pensamento rápido são capacidades fundamentais para a adaptabilidade e contorno dos obstáculos naturais, do início ao fim de cada processo. Deve ser considerado no processo que as opções, percepções e relações estão em constante mudança. Há que se considerar também que, quem está sentado do "outro lado da mesa" pode ter suas habilidades bem desenvolvidas, ser inteligente e determinado e, portanto, as variáveis podem ser das mais diversas. Bons negociadores são ótimos improvisadores. Quando as coisas não estão indo bem, eles surpreendem com uma proposta criativa, arriscam uma piada ou até desafiam o outro lado. Se necessário, até fazem grandes mudanças em suas estratégias. (WHEELER, 2014).

> Negociar não se trata de seguir uma receita de bolo ou um roteiro pré-estabelecido infalível, que dará certo 100% das vezes.

Adaptar-se, aprender durante o processo e influenciar precisam passar por ciclos rápidos, para conseguir efetividade e resultados positivos. Nesses quesitos os brasileiros, de forma generalizada, possuem uma imagem no exterior de serem bons negociadores, justamente por terem a capacidade de improvisar, porém, são considerados relapsos no cumprimento de seus acordos, pois arrumam um jeito de justificar suas falhas. (DUZERT, 2007).

Há diversos estilos e várias maneiras de se definir as estratégias de negociação, sendo que estas podem variar bastante de negociador para negociador. Há quem defenda que negociar no estilo Don Corleone, do filme de Francis Ford Coppola de 1972 O Poderoso Chefão, seja a melhor tática. Nesse estilo, o negociador utiliza a intimidação como forma de persuadir as outras partes a agirem conforme se deseja e, por fim, conseguir o pretendido. O filme é repleto de assassinatos, emboscadas e armadilhas que fazem Don Corleone se beneficiar nas negociações. É evidente que esse modo de intimidação está fora de cogitação em nosso cotidiano, mas desse estilo podem-se extrair algumas lições práticas como: não agir com emoção ou por impulso; não se aproveitar de um eventual poder (como ser um significativo comprador para determinado fornecedor, por exemplo); conhecer bem as outras partes e seus pontos fortes; e ter capacidade de suportar a pressão.

Os estilos manipuladores também estão presentes nos perfis dos negociadores. Quando se fala em negociar há pessoas que interpretam as estratégias de negociação como formas manipuladoras de se conseguir o que quer, contudo, é necessário entender que a manipulação é algo que tem como objetivo o favorecimento de apenas um dos lados. Portanto, é importante desmistificar e separar a arte de negociar da capacidade de manipular. O objetivo da negociação por princípios não é conseguir um "acordo", mas conseguir um "bom acordo", tendo como premissa não levar vantagem a qualquer custo, ou seja, não é necessário prejudicar outrem para se conseguir um bom resultado. Por exemplo, ao negociar com um fornecedor a alocação de um recurso a ser contratado na modalidade *Time & Material* (custo por hora), o gerente de projetos pode conseguir um abatimento no valor por meio da apresentação de uma comparação com os preços de outros fornecedores alegando que o preço não está competitivo. Ao conseguir o desconto, não significa que esteja prejudicando o fornecedor, pois isso dará à empresa a possibilidade de melhorar seus processos e adequar seu preço no mercado. Também dará a oportunidade ao fornecedor de continuar fazendo negócios com a empresa, não abrindo espaço para concorrentes.

Sempre é possível encontrar profissionais que são considerados bons negociadores, fazendo com que as interações com as partes pareçam leves; no entanto, por trás de toda esta habilidade pode haver uma significativa preparação, sistematização e hábitos adquiridos por meio do convívio com pessoas que possuem o mesmo perfil. Muito do que se consegue obter por negociação está associado ao modo como são conduzidas as discussões e está mais relacionado ao comportamento humano e à psicologia do que meramente o emprego de roteiros ou etapas predefinidas.

1.3 Ética nas negociações

Ao abordar o tema negociação faz-se necessário resgatar as questões éticas que sempre estão envolvidas. A ética é um campo da filosofia que estuda a moralidade humana e, portanto, está diretamente ligada às definições do que é certo e do que é errado, o que é justo e injusto, legítimo e ilegítimo, virtude e vício, justificável ou injustificável (SROUR, 2008) e, portanto, há que ser considerada no plano negocial.

A ética analisa os comportamentos morais da sociedade, buscando justificativas para as regras propostas, que são destinadas a orientar o comportamento diante de uma situação. Nas situações de negociação, há que se considerar algumas regras para que o resultado seja positivo e sustentável. Conseguir o que se quer a qualquer custo, agindo de má-fé, dissimulando e usando-se de falsidade, pode aparentar ser benéfico no momento, mas certamente trará prejuízos em médio ou longo prazo, principalmente ao se considerar o cenário dos projetos, em que os acordos constantemente fazem parte do contexto.

O bom negociador usa o relacionamento baseado na confiança e gera credibilidade como fontes sustentáveis para novas e boas negociações. A credibilidade e a confiança são virtudes que podem levar anos para serem conquistadas, com muito esforço e comprometimento, mas apenas numa única falha ética essas virtudes podem ser destruídas em segundos. Quando uma das partes descobre que foi manipulada e que foram utilizados artifícios inverídicos no acordo, certamente a relação será abalada e haverá perda de confiança. O processo de recuperação da credibilidade é ainda mais longo; isso, quando não se torna impossível.

> Embora se espere que em um processo de negociação o comportamento ético esteja presente em todas as partes, não se pode garantir que isso sempre ocorrerá.

Há de se ter ciência de que pode haver a necessidade de enfrentar situações e pessoas envolvidas na negociação com posturas antiéticas. Portanto, ter essa percepção e saber identificá-las permite ao negociador adotar medidas de neutralização para que o processo de negociação ocorra dentro dos padrões éticos aceitáveis ou que sejam encerradas as negociações sob essas condições. Se o negociador não percebe que as outras partes estão agindo de má-fé, certamente ficará em desvantagem e o resultado não será benéfico para si. Caso haja suspeita ou confirmação de que posturas antiéticas estão sendo empregadas, inevitavelmente a confiança ficará abalada.

Há situações em que não apresentar todas as informações disponíveis, blefar ou até esconder fatos podem favorecer um bom acordo. Em uma partida de pôquer, por exemplo, é possível apostar alto mesmo sabendo que não se tem uma boa combinação de cartas, o que é chamado de blefe. Na moralidade do jogo não se aceita esconder uma carta na manga, considerada uma trapaça, uma atitude desonesta. Mesmo sendo uma analogia, nas negociações muitas vezes não é interessante mostrar todas as opções, alternativas e apresentar os limites, pois não dizer tudo, em uma negociação, não significa trapacear. Uma negociação de boa-fé não requer uma abertura total de informações. (FISHER; URY, 2014).

Isso não quer dizer que não serão apresentados os fatos relevantes e os interesses legítimos para que se obtenha um acordo satisfatório para as partes. Também não significa mentir ou dissimular para distorcer a avaliação do cenário e, portanto, manipular as decisões em direção a um acordo favorável apenas para um dos lados. Na negociação ética, o jogo não deve ter um vencedor, mas um resultado viável e satisfatório para as partes. Quatro atitudes e posturas são recomendadas para conduzir uma negociação de forma ética e eficaz:

1. **Saber dizer não.** Ao perceber que a proposta é equivocada e certamente prejudicará as outras partes, mesmo que a proposta seja tentadora, é prudente negar a oferta e alertar para o equívoco. Isso mostrará que o negociador se preocupa com os resultados positivos para todas as partes e preza pelo relacionamento de longo prazo.

2. **Ausência de conflitos de interesse.** Os conflitos de interesse podem surgir quando se está em uma posição de influenciar decisões ou outros resultados em nome de uma parte a que se deve lealdade, quando tais decisões ou resultados poderiam afetar outra parte com a qual também se tem uma obrigação de defender interesses. (PMI®, 2007b). Ao perceber que há um conflito de interesse real ou potencial é dever do negociador se abster do processo decisório, pelo menos até que as partes interessadas estejam cientes e de acordo com a situação.

3. **Negar terminantemente qualquer suborno.** Qualquer tipo de suborno, propina, corrupção ou favorecimento pessoal com intenção de "facilitar" as negociações devem ser refutados. As atitudes antiéticas e aquelas não suportadas pela governança da empresa (processos, políticas, regulamentos, procedimentos e costumes) devem ser rejeitadas. Pelo aspecto jurídico, desvio de ética é considerado inaceitável. A questão que se lança é: como continuar negociando ou contratando uma empresa com esse tipo de atuação?[2]

4. **Honestidade.** Ser honesto não significa revelar tudo na negociação. Fraudar deliberadamente fatos ou intenções não é o mesmo que deixar de falar tudo que se pensa. Para responder perguntas para as quais não se deseja dar a resposta sincera, em vez de mentir deve-se responder que não julga necessário ou produtivo expor a informação naquele momento. As informações podem ser usadas de forma estratégica pelo negociador.

Deve-se destacar que em descrições de escopo de projetos, há casos de omissão intencional de funcionalidades e/ou "entregáveis" deixando-os subentendidos, porém, com a intenção de se obter alguma vantagem futura. Isso é desonesto e demonstra má-fé. Recomenda-se que aquilo

---

[2] **Legislação.** A nova lei anticorrupção determina a responsabilidade objetiva da empresa/gestores, o que significa que independe da culpa. Dessa forma, seria oportuno que esse desvio de conduta fosse reportado para os gestores do negociador, para verificação se é um desvio de conduta pontual. Se for esse o caso, com a substituição do negociador, a empresa pode permanecer no processo de negociação.

que pode estar subentendido seja esclarecido como "parte integrante" ou "parte não integrante" do escopo do projeto. A clareza pode até fazer com que se perca uma oportunidade de negócio, mas jamais se perderá a credibilidade (para muitas outras oportunidades).

1.4 Negociar: habilidade nata ou desenvolvida?

Há quem tenha repulsas e fique temeroso ao ouvir que "terá de negociar". A maioria das pessoas não recebe qualquer tipo de orientação sobre técnicas de negociação, seja na escola ou no ambiente familiar, causando certa deficiência para negociar questões profissionais ou particulares. Alguns creem que uma boa negociação depende da aplicação de várias teorias que devem ser aprendidas antes de entrar em qualquer situação em que se necessite negociar. Outros acreditam que negociar é uma atividade óbvia e que somente a experiência prática pode levar uma pessoa a se tornar uma boa negociadora. Em verdade, ambas são crenças equivocadas, mesmo que alguns desenvolvam naturalmente habilidades de negociação, por já possuírem um perfil mais persuasivo e um estilo comportamental que favoreça esse tipo de atividade que os levam a obter mais êxito nos acordos. Pode-se afirmar que aprender a negociar é perfeitamente possível para todos, assim como adquirir outras habilidades, como liderança e comunicação.

> Ter aversão a conflitos e se intimidar ao defender seus próprios interesses leva a acordos pouco vantajosos ou, até mesmo, prejudiciais.

Aqueles que querem resolver questões evitando embates e discussões, ou preferem perder a ter de lutar pelos seus objetivos, conformam-se com modestos resultados. Preferem ceder e parecer "bonzinhos" com receio de abalar o relacionamento ou de dar a entender que são pessoas excessivamente gananciosas ou mesquinhas. Esse comportamento está muito relacionado a autoestima, segurança e equilíbrio das estruturas emocionais de pessoas que não se sentem dignas da conquista de bons resultados, fruto de experiências negativas ou temores arraigados na formação de sua personalidade. Portanto, antes mesmo de aprofundar-se em técnicas de negociação é fundamental buscar o equilíbrio emocional e livrar-se de pensamentos negativos e pessimistas, pois adotar uma postura de conformismo pode significar "abrir mão" dos próprios interesses. Ceder de forma contrariada em uma negociação é simplesmente deixar para que os outros definam os objetivos e significa seguir por um caminho muitas vezes não desejado, mas que não cria situações de conflito e desconforto.

De qualquer modo, é possível pensar diferente, aprender a negociar melhor e conseguir o que se quer independente da personalidade ou estilo comportamental, tornar as relações mais saudáveis e obter melhores resultados tanto na vida pessoal quanto na profissional.

Muitos gerentes de projetos que possuem formação técnica não participaram de treinamento ou não receberam capacitação específica de ordem comportamental, incluindo as habilidades de negociação, por isso têm dificuldades de negociar em função desta carência de desenvolvimento adequado. Entretanto, o mundo é uma grande "mesa de negociação" e o contexto dos projetos não é diferente. As oportunidades de se praticar as técnicas contidas neste livro e em outros similares, podem ser encontradas em quase todas as interações humanas e praticamente desde o primeiro até o último dia de projeto. Assim como outras habilidades requeridas de um gerente de projetos, negociar pode se tornar um hábito, mas, para tanto, precisa ser aprendido e exercitado para que a competência no assunto seja assimilada e interiorizada pelo profissional.

1.5 Presencial ou a distância?

O uso de tecnologias é crescente em todos os segmentos de negócios, como ensino, saúde, comércio, indústria, enfim, as novas tecnologias têm alterado significativamente o modo de estudar, trabalhar, comprar, vender e divertir-se. Exemplos disso são os cursos a distância, as atividades profissionais exercidas em *home-office*,[3] o comércio eletrônico, os

---

3 *Home-office* é modalidade de trabalho fora da base onde fica localizada a empresa, permitindo que o profissional trabalhe a partir de sua residência, tendo por base as

sites de compra/venda de produtos usados, os portais de cultura e outros. A revolução da Internet, dos *smartphones* e dos aplicativos tem propiciado um novo estilo de vida para as pessoas, com inúmeras vantagens em várias dimensões, embora com alguns questionamentos inerentes às situações de mudança. Trata-se de um processo irreversível, no qual a sociedade aprende a viver e a conviver com novos modelos.

Neste contexto, a quantidade de projetos remotos e a presença de equipes virtuais crescem a cada dia, impulsionados pela redução de custos, agilidade e abertura de novas possibilidades, como: participação de especialistas que residem em outros países, atuação de profissionais com dificuldade de locomoção, etc.

Quanto às negociações, a tendência é a mesma. A tecnologia já se faz presente e de forma crescente. Evidentemente, a negociação presencial é mais eficaz e mais produtiva, todavia, deve-se estar preparado para realizar "negociações a distância" ou "negociações remotas", com uso de tecnologias. O "olho no olho" traz inúmeras vantagens nas interações pessoais, no fortalecimento das relações e na captura das reações; entretanto, a eliminação de longas viagens, redução de tempo e dos custos associados à locomoção favorecem que muitas negociações em projetos possam ocorrer "via tela de computador ou *smartphone*", porém, nunca dispensando a elaboração da estratégia, o planejamento, a preparação, o conhecimento e a experiência dos negociadores.

---

políticas da organização e as condições contratuais estabelecidas entre as partes. A lei trata o tema *home-office* como "Teletrabalho".

CAPÍTULO 2
ESTRATÉGIAS PARA NEGOCIAÇÃO

Muitos profissionais desconhecem ou nunca se preocuparam em entender efetivamente como as negociações funcionam. Na realidade, existe certa previsibilidade no comportamento pessoal que pode ser levada em consideração no momento de se preparar e estabelecer um plano, antes de entrar em uma rodada de negociação.

Nesse sentido, há que se entender previamente aonde o negociador quer chegar, o que quer obter e o que precisa para se preparar. O negociador precisa levar em consideração, questões como: informações disponíveis (do seu lado e dos outros); com quem se negociará; quais relações estão em jogo; quais os principais cuidados; e compreender que se está lidando com pessoas.

> Nenhuma estratégia de negociação é infalível, mas qualquer estratégia é melhor que nenhuma.

Em uma negociação, embora exista alguma previsibilidade de comportamento, os caminhos durante as negociações podem ser imprevisíveis, pois se trata de um processo com muitas variáveis em que não se pode simplesmente estabelecer um roteiro do início ao fim, sem contar com propostas, contrapropostas, improvisos, raciocínio rápido, criatividade e adaptabilidade. Quem quer que seja a pessoa sentada do outro lado da mesa, ela pode ter uma estratégia tão bem elaborada e estar munida de informações relevantes, podendo surpreender um gerente de projetos despreparado.

2.1 O que eu sei e o que eles sabem?

O mundo de cada negociador é diferente. Cada um tem seus anseios, objetivos, contextos, valores, concepções e experiências. Em qualquer cenário de negociação há sempre informações que são de conhecimento exclusivo de uma das partes, informações de conhecimento de todas as partes e informações que todos desconhecem. Quanto mais se souber a respeito das informações que a outra parte detém, mais próximo se estará de fazer uma boa negociação. Da mesma maneira, a outra parte sempre tentará descobrir as informações que são de domínio exclusivo da parte com a qual negocia, sendo que lhe cabe decidir se as revela ou não. Quando se negocia a compra de algo, não é necessário (e nem prudente) se revelar ao vendedor o quanto de dinheiro se está disposto a gastar. Ao saber dessa informação isso deixará o vendedor confortável para barganhar pelo preço que efetivamente pode ser pago, mas não necessariamente o melhor preço.

Uma maneira prática para se representar as interações e o domínio de informações envolvidas em uma negociação pode ser feita por meio da "Janela de Johari", uma ferramenta conceitual criada por Joseph Luft e Harrington Ingham em 1955, que tem como objetivo auxiliar no entendimento da comunicação interpessoal e nos relacionamentos humanos. O nome Johari não tem relacionamento com misticismo ou coisas do gênero, mas vem da composição das sílabas dos nomes dos autores Jo (Joseph) e Hari (Harrington). Esse modelo conceitual é constituído de uma representação gráfica dividida em quatro quadrantes que define o processo de percepção de um indivíduo em relação a si mesmo e aos outros, de acordo com a Figura 1.

O quadrante superior direito representa o conhecimento em comum e do qual todos sabem (público). O quadrante superior esquerdo representa o conhecimento detido apenas pelos outros (cego). No quadrante inferior direito está o conhecimento exclusivo e que somente o próprio indivíduo sabe (oculto) e no quadrante inferior esquerdo está o conhecimento de fatos que todos desconhecem (desconhecido).

FIGURA 1 – Janela de Johari

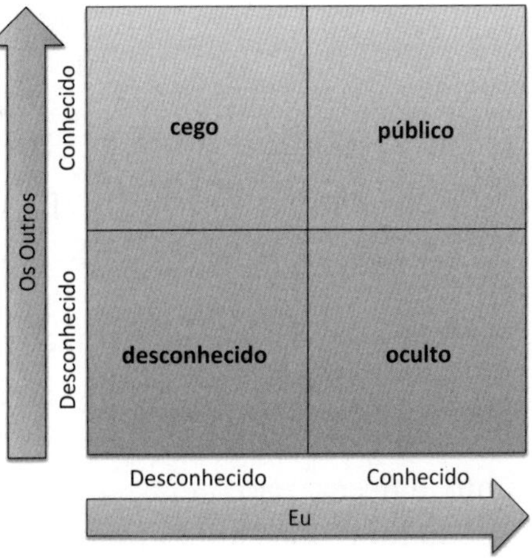

	Desconhecido	Conhecido
Conhecido (Os Outros)	cego	público
Desconhecido (Os Outros)	desconhecido	oculto

Eu: Desconhecido → Conhecido

Fonte: adaptado de Luft e Ingham (1955) apud Daychoum (2010, p. 106).

O negociador extrovertido é aquele que logo escancara sua janela e revela quase tudo. O negociador retraído normalmente fala pouco e não revela quase nada. Ao imaginar esses dois estilos, tão distintos, em uma mesa de negociação, provavelmente não haverá acordo ou o resultado não será o mais satisfatório para as partes. O interlocutor precisa abrir mais ou menos sua janela, ajustando-se ao estilo das partes para que haja adaptação e sintonia na comunicação. Portanto, considerando-se uma parte interessada mais pragmática e uma analítica no outro lado, pode-se ser mais objetivo e direto, pois provavelmente será mais produtivo e se obterá mais assertividade nos resultados da negociação.

Independentemente de se conhecer o que a outra parte sabe, é importante definir quais são as alternativas caso a negociação não chegue a um acordo. As alternativas funcionam como um mecanismo de proteção, um "Plano B" que dará conforto e segurança no momento da negociação, fortalecendo a posição. Quanto mais poderosas forem as alternativas, maiores serão as chances de se chegar a um acordo vantajoso. Sabendo-se disso, deve-se listar todas as possíveis alternativas, ordenando-as por prioridade. Por exemplo, se a negociação é sobre a participação de um recurso mais experiente para o projeto com um gerente da empresa, é necessário analisar quais são as possibilidades, caso não se consiga o que se pretende, pode-se: ficar com o recurso atual (menos experiente), contratar um recurso externo, solicitar apoio ao diretor, pedir demissão, enfim há várias possibilidades. Ao negociar, deve-se ter em mente a "melhor" das alternativas. Fisher e Ury, autores de vários livros sobre negociação e fundadores do Programa de Negociação da Universidade de Harward, definem a melhor alternativa como a *Best Alternative to a Negotiated Agreement* (BATNA), e que em tradução livre pode-se adotar como a MACNA – Melhor Alternativa em Caso de Não Acordo. (FISHER; URY, 2014).[4]

Segundo Diamond (2012), o problema desta técnica é que há uma predisposição em focar a "melhor" opção, ignorando as demais, o que possibilita que uma negociação seja encerrada sem o atingimento dos resultados. Para tanto, é necessário olhar para as várias opções e identificar não somente a "melhor", mas também a "pior" alternativa, pois isso dará maior entendimento da realidade e mostrará os riscos de não se chegar a um acordo.

Conhecer a MACNA é um importante meio para aumentar a influência em qualquer negociação. Por exemplo, se um comprador está negociando a aquisição de um carro novo, a MACNA pode ser continuar com o carro atual. Caso um gerente de projetos esteja buscando mais prazo com o cliente para concluir o projeto, a MACNA pode ser acelerar as entregas com o aumento da carga de trabalho da equipe. Pretendendo-se premiar a equipe com uma viagem e caso se esteja negociando isso com o patrocinador do projeto, a MACNA pode ser não premiar ninguém. Nessa técnica, o negociador define quais as condições máximas ou mínimas para que o acordo seja aceitável e o que o deixa mais seguro e confortável para recusar ou aceitar uma oferta. Se em uma situação de negociação de salário inicial, em que certo candidato define que somente aceitará o emprego se a empresa oferecer um valor mensal mínimo de R$8.000,00, terá a certeza de dizer "não", caso a proposta não atinja o montante. Para tanto, precisa ter em mente qual sua melhor alternativa ao recusar a proposta, pois nesse caso não haveria acordo. Sua melhor alternativa poderia ser aceitar a oferta de outra

---

4 **MACNA.** Outras denominações para MACNA (Melhor Alternativa em Caso de Não Acordo) em língua portuguesa são: MAANA (Melhor Alternativa à Negociação de um Acordo), MAPAN (Melhor Alternativa para o Acordo Negociado) e MAPUANA (Melhor Alternativa para um Acordo Não Alcançado).

empresa, que lhe propôs o valor estipulado ou manter-se no emprego atual, que paga atualmente R$7.200,00, por exemplo. Quanto mais forte for a MACNA (Melhor Alternativa em Caso de Não Acordo) de um negociador, mais influência terá para persuadir as partes interessadas e conseguir atingir suas metas.

Ao utilizar a MACNA, o negociador deve ter cuidado ao fixar uma "faixa de negociação", pois isso pode limitar o acordo ao não considerar variáveis que não são necessariamente financeiras ou do mesmo valor. Ao fixar um teto máximo e/ou um piso mínimo, cria-se uma limitação que pode desviar o negociador de suas metas reais. Então, o ideal é considerar certa flexibilidade nesses limites, adaptando as variáveis de acordo com o cenário apresentado na mesa de negociação. Utilizando o mesmo exemplo do candidato a emprego, o empregador poderia oferecer-lhe um salário mensal menor do que havia estipulado, mas acrescentar um plano médico com maior cobertura, uma bonificação anual diferenciada por atingimento de metas, um valor maior de auxílio alimentação, veículo concedido pelo desempenho do profissional na modalidade de comodato,[5] ter folgas adicionais, poder trabalhar em *home-office* em alguns dias da semana, ter jornada de trabalho flexível, enfim, itens até mesmo de difícil valorização financeira que não representam muito para a empresa, mas que podem ser preciosos ao candidato em uma avaliação de oferta de emprego.

2.2 Foco no relacionamento ou nos resultados?

Em toda negociação há sempre dois tipos de interesse: no relacionamento e nos resultados. O gerente de projetos em seu papel de integrador "é a pessoa designada pela organização executora para atingir os objetivos do projeto". (PMI®, 2013). Para tanto, precisa estar focado nos

---

5 **Comodato** é o empréstimo gratuito de coisas não consumíveis, que não podem ser substituídas, como cadeiras, equipamentos, aparelhos telefônicos, imóveis e marcas. Em geral, as despesas para manutenção da coisa são de responsabilidade exclusiva do comodatário, ou seja, o beneficiário do empréstimo (XAVIER; WEIKERSHEIMER; LINHARES; DINIZ, 2010, p. 87). Os custos de manutenção dos itens em comodato podem também ser ônus da própria organização; desta forma, o empréstimo e a manutenção podem ser consideradas remunerações indiretas do profissional.

resultados positivos de cada negociação em direção ao cumprimento desses objetivos. O gerente precisa ter em mente quais são suas metas ao se deparar com a necessidade de negociar, considerando seu foco e interesses envolvidos. A Figura 2 representa quatro estilos de negociadores que podem ser considerados: o Lutador, o Sobrevivente, o Gente Boa e o Objetivo, em função de prioridade atribuída ao relacionamento e aos resultados da negociação.

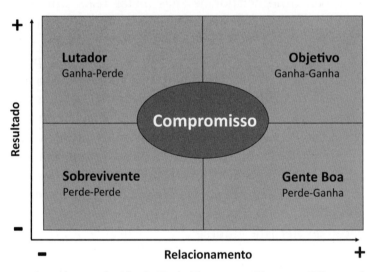

FIGURA 2 – Estilos de Negociadores

Fonte: adaptado e traduzido de Herk, Thompson, Thomas e Kilmann (2011).

O Lutador (Ganha-Perde). Este resultado é obtido normalmente com prejuízos ao relacionamento, pois o negociador tem prioridade nos resultados, por isso não está preocupado com o relacionamento e pode adotar uma estratégia posicional, recusando-se a ceder, sendo duro e inflexível. Há situações do cotidiano em que naturalmente pode-se adotar este estilo. Por exemplo, uma pessoa está na fila do caixa do supermercado e está atrasada para um compromisso, quando um estranho a aborda e pede para passar à frente. A pessoa pode simplesmente dizer "não", por não estar preocupada com o relacionamento (provavelmente não mais reencontrará o estranho) e se manterá focada em seus interesses e compromissos (pressa).

Nesse estilo de pensamento, ainda é possível adotar uma postura de simplesmente "Ganha", em que não há a intenção de que a outra parte perca, pois simplesmente considera-se isso irrelevante. O que importa é garantir que seus objetivos sejam alcançados, sendo esta uma abordagem muito comum nas negociações cotidianas. Ainda nesse estilo, de modo radical, negociadores antiéticos podem adotar técnicas consideradas "sujas", como usar dados falsos, esconder segundas intenções, fazer ataques pessoais, ameaçar, criar tensão, entre outras para conseguirem o que querem a qualquer custo. Esse tipo de resultado também é muito comum quando uma das partes tem mais poder e usa a "força bruta" e a intimidação contra a outra parte, porém, o relacionamento é fortemente abalado, pois afinal ninguém quer relacionar-se com pessoas que as forçam a fazer coisas contra a própria vontade.

No Capítulo 4 deste livro – Etapas da Negociação – são abordadas as táticas e contratáticas muito comuns neste modo de negociar. No âmbito dos projetos, não é comum nem produtivo gerentes de projetos adotarem o estilo Lutador, uma vez que criarão tensão no projeto, comprometendo o clima e afetando o engajamento das partes interessadas. Quando um comprador negocia com um fornecedor, usando de seu poder, certamente sairá vencedor em uma determinada situação, tendo conseguido o que pretendia desta vez, todavia, pergunta-se: será que o fornecedor desejará negociar com o comprador novamente? De qualquer modo, uma situação Ganha-Perde no curto prazo pode representar Perde-Perde no longo prazo. Manter bons relacionamentos faz parte do papel do gerente e pode ser fundamental para o sucesso de seus projetos.

O Sobrevivente (Perde-Perde). Esta é a pior das situações, pois todas as partes perdem na negociação. Não é possível imaginar uma situação em que esse tipo de resultado possa ser útil de alguma maneira. Nessas condições, as partes interessadas abrem mão de seus interesses comuns e acabam aceitando um desfecho que não é benéfico para nenhum dos negociadores. Essas situações ocorrem muitas vezes quando dois "Lutadores" se encontram para negociar e a teimosia, o egoísmo e a determinação de ambas as partes predominam. Sendo assim, tanto o relacionamento quanto os resultados são prejudicados, deixando como subproduto um clima de vingança e revanche, que muitas vezes faz com que a intenção de causar dano a outra parte implique em prejudicar a si mesmo, o que pode se traduzir por "suicídio". Essas situações ocorrem frequentemente quando há um componente emocional muito forte entre as partes, onde o orgulho e a indisposição em ceder prevalecem. Trocas de acusações, julgamento e o desejo de não beneficiar o outro acabam "cegando" as partes, fugindo do objetivo principal da negociação, que poderia resultar em um acordo sensato e benéfico.

Por exemplo: um casal está decidindo onde irá no sábado à tarde. Pretendem sair juntos, mas ele quer ir a um jogo de futebol, enquanto ela deseja ir ao cinema. Ambos têm interesses comuns (entretenimento e diversão), mas após discutirem por algum tempo decidem que vão ficar em casa sem fazer nada, justamente porque não encontraram, ou não quiseram encontrar, uma opção sensata. Ninguém se diverte. Trata-se da situação Perde-Perde. Quem não se lembra da expressão na infância: "A bola é minha. Se eu não jogar, ninguém joga". Sem dúvida, a postura Perde-Perde não é a mais viável em situação alguma.

O Gente Boa (Perde-Ganha). Em situações em que o resultado não é relevante, pode-se ceder em nome do relacionamento. Em outras situações, perder em determinado contexto pode fazer parte de uma estratégia para ganhar mais à frente. Pode-se decidir fechar um contrato com um cliente por um valor mais baixo que o usual, até mesmo tendo prejuízos financeiros, visando a um contrato maior e mais lucrativo no futuro. No entanto, é necessário ter cuidados ao adotar este estilo, pois quando a postura de Perde-Ganha está associada a uma preferência em ceder e concordar por força da popularidade ou da aceitação, há o risco de cair em uma armadilha que impedirá que os objetivos do projeto sejam alcançados.

Normalmente, o estilo de negociação Perde-Ganha esconde ressentimentos, que acarretam em desapontamentos profundos, mágoas, sensação de impotência e desilusões. O negociador "bonzinho" raramente conseguirá o que quer e ter sucesso adotando esse modo de pensar, além disso esses sentimentos reprimidos podem gerar fúria ou reação desproporcional, reações extremas e cinismo em função de emoções contidas. Ao adotar esse estilo, o resultado beneficia as outras partes que conseguem o que querem à custa do relacionamento e dos sentimentos negativos gerados. Portanto, em curto prazo pode parecer um bom negócio para os demais, mas no longo prazo significará Perde-Perde para todos.

O Objetivo (Ganha-Ganha). Há situações de negociações com todos ganhando tudo, ou todos conseguindo tudo o que querem? Isso parece um tanto idealista ou sonhador, pois na prática o mundo das negociações é duro, realista e "ninguém entra para perder". Todavia, apesar de parecer utópico, conseguir o melhor acordo, fazendo com que as partes consigam o que querem, sem prejudicar o relacionamento e obtenham benefícios mútuos pode ser a alternativa mais viável. Com uma solução Ganha-Ganha todos se sentem melhor com a decisão, ficando mais comprometidos com o plano de ação e não gerando prejuízos emocionais.

Normalmente, costuma-se pensar de forma binária: forte ou fraco, duro ou mole, sensível ou insensível, aberto ou fechado. Entretanto, este tipo de pensamento não leva em consideração um meio termo, pois não se baseia em princípios ou na quebra de paradigmas. Pensar que somente existe a solução "nossa ou deles" e que são as únicas existentes é se limitar a um formato de pensamento que não leva em consideração as alternativas que extrapolam os desejos e anseios particulares. Em toda situação, há opções de solução que não são do jeito de uma parte ou da outra, mas sim a melhor alternativa.

Existe um exemplo clássico de duas irmãs que disputavam uma única laranja. Após alguns minutos de discussão resolveram partir a laranja pela metade e cada uma ficou com uma parte. Uma delas descascou sua metade, jogou a fruta fora e fez um bolo com a casca. A outra também descascou sua metade, jogou a casca fora e comeu a fruta. O resultado foi que no final, uma ficou com meia casca e a outra com meia fruta. Se em vez de focarem radicalmente em suas posições – querer a laranja inteira – tivessem priorizado seus reais interesses, uma teria ficado com toda a casca e outra teria ficado com toda a fruta e, certamente, usufruído mais do bem, com resultados beneficiando as duas irmãs ao máximo.

Ainda na Figura 2, apresentada anteriormente, nota-se que entre os quatro quadrantes, há uma área de "compromisso", onde se equilibra as questões de relacionamento com os resultados e os objetivos da negociação. Percebe-se que nessa área se encontram as soluções mais propensas na maioria das situações. Com exceção da situação Ganha-Ganha, em que se quer explorar ao máximo os resultados e preservar os relacionamentos, há uma fronteira nas demais abordagens para que não haja prejuízos no longo prazo, caso das situações extremas de Ganha-Perde, Perde-Perde e Perde-Ganha. No Quadro 1, há uma sinopse dos quatro perfis apresentados: Lutador, Sobrevivente, Gente Boa e Objetivo.

QUADRO 1 – Estilos de negociadores em função de suas prioridades

Perfil	Prioridade	
	No relacionamento	No resultado
Lutador (Ganha-Perde)	**baixa** Abala o relacionamento e torna a outra parte ressentida.	**alta** Pode alcançar resultados positivos, mas no longo prazo pode significar Perde-Perde.
Sobrevivente (Perde-Perde)	**baixa** Ruim para todas as partes. A decisão é baseada em inflexibilidade e há descontentamento geral.	**baixa** Resultado não satisfatório para qualquer das partes, e o prejuízo emocional predomina.
Gente Boa (Perde-Ganha)	**alta** O negociador "bonzinho" quer se sentir aceito e é condescendente. Quer evitar e fugir dos conflitos.	**baixa** Não é assertivo nos resultados. Invariavelmente prefere perder a ferir o relacionamento. Torna-se frustrado e no longo prazo pode significar Perde-Perde.
Objetivo (Ganha-Ganha)	**alta** Satisfação e maior engajamento na realização dos compromissos, gerando relacionamentos de longo prazo.	**alta** Busca pelo melhor resultado, ganhando sinergia e acordos sensatos que sejam vantajosos para todos.

Fonte: adaptado e traduzido de Herk, Thompson, Thomas e Kilmann (2011).

No contexto de projetos, o gerente precisa analisar no mapeamento das partes interessadas, as características e suas situações, como poder de decisão, influência e engajamento no projeto, cruciais para que possa definir suas estratégias de negociação com cada uma das partes envolvidas.

2.3 Dimensões da negociação

Negociar envolve questões de relacionamento humano e conhecimento de técnicas específicas que auxiliam no processo. Antes de iniciar um processo de negociação, é importante entender quatro aspectos relevantes que precisam ser considerados para que se obtenha um bom acordo: a realidade dos negociadores, a habilidade de relacionamento, conhecimento das técnicas de negociação e conhecimento do assunto ou negócio.

2.3.1 A realidade dos negociadores

É necessário analisar em que contexto os negociadores das outras partes estão, ou seja, suas culturas, cargos, formações, anseios, objetivos, momento de vida, interesses, passados e suas concepções. Para tanto, é oportuno reunir, de forma ética, o máximo de informações a respeito, seja pesquisando na Internet (atualmente é muito fácil saber das pessoas por meio das redes sociais, incluindo a busca de afinidades e interesses comuns), perguntando para pessoas mais próximas, outras que já negociaram com estas partes ou analisando documentação e lições aprendidas de outros projetos. Entender a realidade e o histórico das partes aproxima a relação e fornece mecanismos para perceber reações esperadas, dando subsídios para que seja feito um planejamento de como se comportar diante das situações apresentadas.

Conhecer as partes dá embasamento para compreender os interesses que estão por trás de suas posições. No fechamento de um negócio para venda de um *software* de sistema de gestão, por exemplo, ao saber que o negociador do cliente, Diretor Administrativo, tem formação em Direito, seria oportuno buscar o entendimento de termos jurídicos e aspectos legais importantes que devam constar no contrato, pois provavelmente suas concepções estarão formatadas com um viés jurídico.

2.3.2 A habilidade de relacionamento

Pessoas negociam com pessoas, portanto a capacidade de se relacionar está diretamente ligada com as competências comportamentais e se constitui em uma das características mais importantes do bom negociador, sendo fundamental para o sucesso. Tanto na vida pessoal como profissional, o bom relacionamento auxilia a obter mais espaços, a conquistar os objetivos e a manter um clima amigável de convívio. A diferença da vida pessoal para a profissional é que no trabalho, na maioria das vezes, não se tem a opção de escolher o superior imediato, os colegas, fornecedores, parceiros ou as partes interessadas do projeto, enquanto na vida pessoal podemos escolher os amigos. Sendo assim, independentemente do grau de relacionamento e afinidade, é necessário que haja cooperação para que o resultado seja atingido.

A habilidade de relacionamento é uma das competências que muitos profissionais não desenvolvem ao longo de sua carreira, seja por não sentirem necessidade, por não entenderem a sua importância, por não se interessarem pelo tema ou por não terem a oportunidade em sua formação. A questão é que os seres humanos são interdependentes, e a convivência e o relacionamento com os demais são praticamente inevitáveis. Nem sempre é fácil lidar com os diferentes pontos de vista, formação, cultura, visão, crenças, *background*, motivos pelos quais normalmente surgem os conflitos e, portanto, é fundamental que os profissionais procurem desenvolver habilidades comportamentais que os auxiliem a lidar com os aspectos das diferenças pessoais. Quem se relaciona bem tem mais facilidade para entender o outro, liderar equipes, obter colaboração e, consequentemente, negociar bem.

Conseguir abertura no relacionamento, obter confiança mútua, buscar empatia, aceitar e respeitar os interlocutores são alguns dos aspectos de relações interpessoais que descomplicam as negociações, deixando os negociadores mais próximos e facilitando os acordos.

2.3.3 Conhecimento das técnicas de negociação

Negociar é uma prática presente em quase todas as relações humanas, seja de forma consciente ou inconsciente. Aqueles que negociam conscientemente, conhecendo e utilizando as técnicas de negociação apropriadas, obtêm vantagens e indiscutivelmente têm mais chances de conquistar melhores resultados, aproximando-os de suas metas. Conhecer o processo dá mais segurança e proporciona maior habilidade para conduzir a negociação. Não conhecer o processo deixa o negociador vulnerável e à mercê do direcionamento de outra parte mais habilidosa, a qual pode conduzi-lo a acordos não vantajosos, ocasionando prejuízos financeiros e até emocionais. (FERRAZ, 2015).

Muitos gerentes de projetos fracassam ao negociar por desconhecerem ou não terem sido submetidos a treinamentos relacionados ao aprendizado de técnicas específicas e aprimoramento das habilidades de negociação. O sucesso do projeto tem um forte componente na habilidade de negociação do gerente de projetos, sendo considerada como uma das três principais habilidades mais valorizadas junto com a liderança e a capacidade de comunicação, conforme pesquisa PMSURVEY. ORG de 2013. (*apud* TERRIBILI FILHO, 2015).

Conhecer as técnicas e desenvolver as habilidades necessárias de negociação são significativamente importantes para melhorar os resultados, porém, não garantem que todas as negociações serão bem-sucedidas.

> Negociar é um processo bilateral e, portanto, chegar a um bom resultado não depende somente do conhecimento individual dos negociadores, mas de seus interesses, objetivos e comportamentos.

No Apêndice – Situações Atípicas –, são exploradas algumas situações pouco usuais e mostrado como lidar com elas.

2.3.4 Conhecimento do assunto ou negócio

Discutir sobre um assunto do qual não se tem informações ou não se domina traz insegurança e ocasiona perda de capacidade de argumentação, convencimento e persuasão. Estudar fatos, dados, informações e tudo que estiver relacionado ao objeto da negociação fará com que se tenha propriedade ao falar do assunto, tornando mais fácil se chegar a um bom acordo.

2.3.5 Mapa de influência

Há que se entender que toda negociação é influenciada por fatores, definidos em três níveis: o primeiro e o mais intenso é constituído das pessoas envolvidas diretamente na negociação; o segundo fator representa as pessoas que influenciam ou têm interesse no resultado da negociação; e o terceiro fator é a influência externa: econômica, social, política ou tecnológica. Na Figura 3, são apresentados os quatro aspectos principais das negociações – realidade dos negociadores, habilidade de relacionamento, conhecimento das técnicas de negociação e conhecimento do assunto ou negócio – e a influência dos três níveis sobre esses quatro aspectos.

Os influenciadores ou interessados no resultado, apesar de estarem em segundo plano, também precisam ser analisados, pois toda negociação tem uma "plateia". Haverá sempre partes que serão afetadas pela negociação e que esperam que o seu interlocutor chegue a um acordo favorável e vantajoso. Por exemplo, se o gerente de projetos está negociando com um representante de um determinado fornecedor, o gerente deve ter ciência de que este representante prestará contas à empresa (a "plateia") da qual pertence e que espera que retorne com um bom resultado. Do mesmo modo, o gerente de projetos ao negociar com o representante, deve satisfações dos resultados ao patrocinador do projeto. Esses influenciadores têm, por vezes, maior autoridade que os negociadores diretos, podendo por isso, em muitos casos, limitar o poder de decisão dos negociadores na negociação.

FIGURA 3 – Mapa de influência da negociação

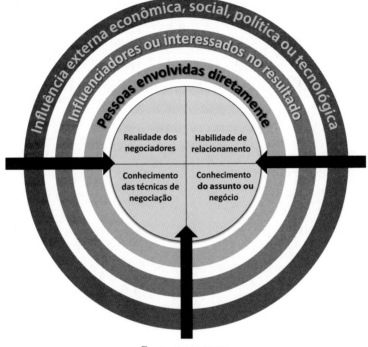

Fonte: os autores.

2.4 Regras para uma negociação efetiva

Como todo processo de interação social, negociar com efetividade requer a aplicação de algumas regras básicas, que ao serem seguidas aumentam significativamente as chances de o negociador ser bem-sucedido. Ainda que as variáveis sejam infinitas, há alguns cuidados envolvidos no processo que ajudam a equilibrar as forças e a trilhar um caminho em direção a soluções vantajosas para todas as partes. A seguir são listados cinco quesitos básicos:

2.4.1 Presumir a competência do outro

Não subestimar com quem se vai negociar. Isso vai além de supor que as partes também são inteligentes, estão preparadas e têm anseios tantos quanto se imagina. Deve-se assumir também que são competentes, que possam ter as habilidades necessárias para entrarem em uma rodada de negociação. Em situações mais complexas, as partes normalmente elegem seus melhores negociadores para enfrentar a mesa de negociação. Usar táticas conhecidas e manobras usuais podem soar inexperiência e amadorismo por parte do negociador.

2.4.2 Preparar, preparar e preparar

Quando há tempo disponível, o planejamento e a preparação fazem grande diferença e aumentam as chances de se conseguir um bom acordo. Faz parte do processo: definir os objetivos da negociação, quais os interesses envolvidos, as opções que podem ser consideradas, destacando as melhores e piores alternativas. Na preparação é que são levantados os fatos e dados relacionados ao objeto da negociação, são estudados os comportamentos das partes e as possíveis reações durante as conversas. Preparar-se adequadamente faz com que se tenha mais poder de argumentação e, portanto, traz mais segurança nas tomadas de decisão, ainda que os rumos da conversa tomem caminhos diferentes. Antecipar-se aos problemas, dá credibilidade e inspira confiança no negociador. No Capítulo 4, são apresentadas as etapas da negociação, incluindo um tópico específico para explorar o que pode ser feito durante o planejamento.

2.4.3 Negociar sem a pressão do relógio

Negociar com tempo escasso aumenta a margem de erros que pode gerar um resultado insatisfatório. Os negociadores hábeis se utilizam do fator tempo para persuadir e conseguir fechar o negócio de forma ágil, pois sabem que se derem tempo para a outra parte pensar a respeito do acordo, há o risco de rejeição. Essa técnica é comum e funciona muito bem quando a outra parte tem poucas alternativas. Por exemplo, o gerente de projetos precisa solicitar a liberação de um profissional da área de tecnologia para participar do projeto em período integral, por isso, vai até o diretor do departamento responsável para negociar a alocação do profissional. Imaginando-se que o diretor informe que tem somente um profissional disponível para ceder, todavia, em tempo parcial. O diretor informa ainda que precisa que o gerente de projetos defina imediatamente se vai querer o profissional ou não, porque há outro projeto requerendo o mesmo recurso. Nessa situação, o gerente aceita o recurso com a condição imposta. Devido à natureza dinâmica dos projetos, nem sempre se tem tempo disponível para realizar toda uma preparação, e as decisões precisam ser tomadas rapidamente para que o projeto prossiga com o menor impacto. Assim, evitar o imediatismo no fechamento de questões importantes para o projeto, certamente, melhora as chances de sucesso, pois como mostrado na simulação, o recurso cedido em tempo parcial não atenderia de forma completa às necessidades de alocação no projeto, porém, o receio de ficar sem recurso algum e atrasar ainda mais o projeto culminou em uma decisão equivocada pelo gerente.

2.4.4 Eliminar os ruídos e focar nos interesses

É normal que durante o processo de negociação surjam "ruídos", ou seja, informações distorcidas e sem embasamento que podem comprometer a conversa e levar a um caminho indesejado. É importante que os interlocutores estejam sintonizados e a comunicação esteja livre dessas interações improdutivas. Afirmações falsas, distorções dos fatos, conclusões precipitadas, questões passadas e deduções infundadas são alguns exemplos de ruídos que de fato "poluem" a discussão e podem prejudicar o acordo. Há sempre que se contar com a habilidade dos outros negociadores em conduzir a discussão para a construção de cenários desvirtuados e que podem levar a interpretações deturpadas. O cuidado especial do negociador está no sentido de avaliar o rumo da conversa e propor aos participantes da negociação que os assuntos paralelos sejam tratados em outro momento ou que sejam isolados naquela interação.

> Posições conflitantes ou incompatíveis não significam necessariamente interesses incompatíveis.

Os interesses são parte integrante de qualquer negociação, mas precisam ser bem entendidos para que não se perca o foco nos melhores resultados. Os interesses definem o problema a ser resolvido. (FISHER; URY, 2014).

Portanto, conhecer e entender que interesses estão por trás das posições dos interlocutores são primordiais para que as discussões direcionem os esforços para chegar a um acordo que atenda aos interesses de todos. Os interesses podem ser desvendados fazendo-se uma simples pergunta: "Por quê?". Por exemplo: "Por que aquele gerente quer reduzir o prazo do projeto?" ou "Por que o cliente quer alterar a data de entrega?". O negociador também precisa entender seus próprios interesses, pois para atendê-los, possivelmente terá de atender aos interesses das partes alheias. Portanto, é necessário que o gerente de projetos se questione sobre os motivos de suas próprias aspirações e exponha-os, sem indicar necessariamente o preço que está disposto a pagar por isso. Dessa maneira, descobrem-se os interesses comuns e compatíveis, mas também os conflitantes. A ideia é que se tenha em mente os objetivos comuns para que as argumentações e concessões sejam feitas no sentido de atender aos interesses mútuos.

2.4.5 Construir o consenso

O principal caminho para se construir o consenso é não acusar ou sugerir má-fé das partes que estão negociando. Declarar acusações com base em pressuposições tornará o processo mais difícil e fará com que os envolvidos se retraiam e se firmem ainda mais em suas posições. O ato de "apontar o dedo" é ofensivo e causa um clima de tensão que somente prejudica o andamento das discussões, não contribuindo em nada para o resultado comum. Mesmo que as partes estejam fazendo uso de táticas ou truques de má-fé, apresentados no item 2.5 "Fatores envolvidos na negociação" a seguir, é prudente não contestar esses truques diretamente, pois os riscos podem se tornar significativos. Primeiro, é possível que se esteja enganado e, mesmo estando certo, a outra parte pode se ofender e corre-se o risco de abalar o relacionamento. Uma alternativa é fingir que não o notou, fazendo perguntas para testar a sinceridade do interlocutor. (URY, 1991).

O consenso será obtido a partir da clarificação do problema e dos objetivos da negociação. Durante a conversa, é importante que as ideias sejam expostas de maneira que a situação esteja bem entendida pelas partes. Para tanto, é possível explorar os entendimentos fazendo perguntas do tipo: "por quê?"; "por que não?"; "e se?". Também deve-se ouvir com atenção, parafrasear e reformular afirmações, caso se note que não houve o correto entendimento do exposto.

2.5 Fatores envolvidos na negociação

Como o processo de negociação envolve questões comportamentais, psicológicas, racionalidade, técnicas, manobras, táticas e abordagens, há alguns fatores primordiais que precisam ser entendidos e levados em consideração. Esses fatores, em conjunto com as regras da negociação efetiva, são essenciais para que o gerente de projetos negocie com maior habilidade e mais confiança; portanto, aumentando muito suas chances de sucesso na obtenção de bons acordos. Os cinco fatores considerados essenciais são:

- Entendimento do objetivo;
- Informação;
- Persuasão (influência);
- Tempo;
- Táticas e contratáticas.

2.5.1 Entendimento do objetivo

Antes de definir os objetivos da negociação é necessário entender se vale a pena negociar. Examinando a MACNA (Melhor Alternativa em Caso de Não Acordo), conceito abordado no item 2.1 "O que eu sei e o que eles sabem?", o negociador pode decidir por não negociar e escolher a melhor alternativa ou uma das alternativas disponíveis. Quando a MACNA não é das melhores, empenhar-se em uma negociação para chegar a um bom acordo pode ser a melhor saída. (URY, 1991).

Decidindo-se por negociar, então, a primeira medida a ser tomada é a definição de um objetivo claro, que norteará o rumo das ações. O objetivo é definido pelo que se busca conseguir ao final da negociação, seja um acordo ou um compromisso. Portanto, é primordial ter certeza do que se quer, sob pena de requisitar menos ou mais do que o necessário e, ao final, obter maus resultados na negociação. Quanto mais claro for o objetivo, mais fácil será argumentar e defender os interesses do projeto. Entrar em uma negociação sem saber claramente aonde se quer chegar gera perda de autoridade, não traz a confiança necessária e pode demonstrar que não se tem senso de propósito, ocasionando perda de credibilidade durante as interações com os interlocutores.

A estratégia e a abordagem devem direcionar os esforços no sentido de se aproximar do objetivo. Quaisquer ações divergentes a esse objetivo poderão levar ao fracasso da negociação. Muitas vezes, as partes ao negociar agem contrariamente a seus objetivos porque estão concentradas em suas posições em vez de buscar o entendimento dos interesses e delinear as ações em direção ao atingimento de suas metas. Ficar irritado, na defensiva ou atacar, por exemplo, podem trabalhar desfavoravelmente. Para tanto, é necessário que o negociador tenha em mente quais são as metas, quem são as partes interessadas e o que será necessário argumentar (e como) para persuadi-las. (DIAMOND, 2012). Isso permitirá a concentração e o foco no objetivo.

Há também que se considerar durante as negociações, à medida que novas informações são apresentadas, a revisão dos objetivos para identificar se não há a necessidade de mudar a estratégia e/ou o curso das ações.

2.5.2 Informação

Informação confere autoridade e é significado de poder. Quanto mais informação se tem a respeito do objeto da negociação e das partes envolvidas, maior é o poder de negociação. Tudo que for possível obter em relação a preços, custos, detalhes, valores, tempo, disponibilidade, mercado, opinião de especialistas, entre outros, pode ser usado como fonte de valiosas informações e que deixam o negociador em posição vantajosa, aumentando o poder de argumentação. Há então que se dedicar o tempo necessário e não medir esforços para coletar o máximo de esclarecimentos possíveis sobre as outras partes, o projeto e as organizações envolvidas. Evidentemente, todas as informações devem ser obtidas de forma ética e preservadas as questões de confidencialidade.

Possuir informações à mão também demonstra que o negociador pesquisou e buscou estar inteirado do assunto antes de partir para a negociação e, portanto, diminui as chances de ser manipulado (ou mesmo enganado) ou simplesmente fazer um mau acordo, ou estar sujeito a táticas sujas, principalmente quando não se pode confiar totalmente nas outras partes. Declarações falsas podem ser facilmente identificadas quando se tem as informações certas. Uma forma de testar a credibilidade do interlocutor é realizar perguntas, mesmo que já se saiba as respostas. Inclusive, durante o processo de negociação é recomendável **fazer mais perguntas do que efetivamente dar respostas.**
É possível obter valiosas informações de inúmeras maneiras. Algumas sugestões:

- Perguntar ao próprio interlocutor;
- Perguntar a pessoas de confiança que já tenham negociado ou trabalhado com as partes com as quais se negociará;
- Pesquisar e analisar a documentação do projeto;
- Entrar em contato com clientes e/ou fornecedores;
- Analisar os pontos fortes e fracos (próprios e das partes);
- Realizar pesquisas na Internet em *sites* críveis e fontes confiáveis.

Na Internet pode-se obter uma vasta variedade de informação acerca de pessoas, empresas, opiniões, reputação, comentários, entre outros. Conhecer a respeito dos perfis pessoais e profissionais das partes interessadas, as quais participarão das negociações, pode ajudar na condução da negociação, pois dependendo da experiência, autoridade, notoriedade, reputação, cultura, influência, poder e quaisquer outros aspectos que possam ser identificados, a estratégia e preparação podem ser mais bem direcionadas e adequadas.

2.5.3 Influência

A influência é um fator determinante em uma negociação. Negociadores habilidosos se utilizam de sua capacidade de influenciar para conduzir o processo de negociação pela facilitação e abertura necessária para conseguir bons acordos. Dessa forma, é necessário estar preparado para influenciar melhor e não ser influenciado.

Tipicamente, o gerente de projetos cumpre um papel de liderança que não necessariamente envolve conduzir uma equipe que esteja diretamente subordinada a ele. Inúmeras vezes, o gerente de projetos deparar-se-á com a necessidade de negociar com pessoas sobre as quais não possui autoridade formal, ou seja, não tem controle ou voz de comando, incluindo pessoas de outros departamentos, patrocinadores, gestores e diretores. Mesmo que se tenha autoridade formal é ilusão achar que é possível obrigar subordinados e funcionários a aceitar passivamente um acordo de forma impositiva sem que haja algum prejuízo no relacionamento. Ainda assim, pode-se ter a influência necessária para fazer as coisas acontecerem e conseguir bons acordos com todas as partes interessadas.

Sobre o fator influência há cinco questões básicas, fundamentais, a que se deve dar atenção:

1. **Reciprocidade.** A influência está diretamente ligada a trocas. Quanto mais se oferece, maior é a chance de receber retribuições. Reciprocidade é a crença quase universal de que os profissionais devem ser pagos pelo que fazem. (COHEN; BRADFORD, 2012).

2. **Relacionamento e afeição.** Quanto melhor for o relacionamento, maior será a proximidade e consequentemente maiores serão as chances de encontrar boa vontade para negociar.

3. **Competência.** Demonstrar competência no trabalho para o qual foi designado é essencial. O conhecimento, a habilidade e a atitude certamente ajudarão a promover a influência do profissional.

4. **Interesse.** É necessário demonstrar interesse genuíno pelo desempenho e preocupação autêntica pelo sucesso do projeto. Isso

torna o profissional mais confiável e com maior credibilidade, não apenas como uma pessoa que lá está para receber seu salário ao final do mês.

5. **Coerência**: um alto grau de coerência costuma estar associado à força pessoal e intelectual. (CIALDINI, 2012). Por outro lado, a incoerência é comumente vista como um traço de personalidade indesejado. Pessoas cujas crenças, palavras e ações não condizem, podem ser consideradas confusas, hipócritas e até mentalmente atrapalhadas. Sendo incoerente, o profissional perde sua capacidade de influenciar, pois não é confiável. Ao negociar com pessoas incoerentes corre-se o risco de que o acordo firmado não seja cumprido.

2.5.4 Tempo

Algo totalmente incontestável é o fato de que o tempo passa na mesma proporção para todos. Como não se pode controlar o relógio, deve-se entender como o tempo afeta o processo de negociação.

O fator tempo é utilizado frequentemente pelas empresas como forma de pressão para persuadir os consumidores a comprar, em algumas vezes, mesmo que não estejam precisando. As lojas anunciam os produtos informando que a promoção tem um prazo determinado ou que o preço é somente "para hoje", fazendo com que o comprador se sinta pressionado pelo tempo sob o risco de perder uma boa oportunidade e acaba realizando uma compra por impulso, ou seja, usando mais a emoção que a razão. Esta manobra está relacionada também às táticas de "pegar ou largar" e "pressa" abordadas no item 2.5.5 "Táticas e contratáticas".

À medida que o gerente de projetos percebe que seu tempo está se esgotando e o prazo final está se aproximando, o nível de ansiedade sobe e a probabilidade de realizar concessões aumenta, podendo levar a acordos desfavoráveis.

No mundo dos projetos, o fator tempo é notoriamente importante para as negociações, uma vez que sua natureza é "temporária" e, portanto, o gerente de projetos precisa lidar com a pressão dos prazos e "correr contra o relógio". Todas as atividades do cronograma têm data de início e fim e, portanto, o planejamento adequado do tempo para realizar negociações deve ser previsto.

É possível ter dois tipos de restrições de tempo nos projetos: datas impostas pelo próprio projeto (não começar antes de ou não terminar depois de) ou impostas pelas partes com as quais se está negociando. Por exemplo, se um gerente de projetos estiver necessitando contratar um serviço, não tendo obtido todas as propostas que desejava de seus fornecedores e não tendo mais tempo para buscar outras (o projeto precisa se iniciar, pois já está atrasado), pode ser que o gerente opte por um fornecedor que não seja o melhor. Nesse sentido, é crucial conhecer os próprios prazos, mas não necessariamente compartilhá-los com as outras partes. Usando o mesmo exemplo, se o fornecedor conhecer o *deadline* (data-limite) do projeto para a contratação é muito provável que utilize a pressão do prazo para se beneficiar nas negociações, pois sabe que o gerente de projetos tem poucas opções.

Durante as negociações é importante controlar o estresse da pressão dos prazos e se manter emocionalmente estável, com o cuidado de não tomar decisões por impulso no anseio de se "livrar" logo do problema. Se o interlocutor está pressionado para fechar rapidamente o acordo, o ideal é não se afobar e buscar o tempo necessário para pensar nas respostas e concessões. Ainda que seja melhor buscar o "conselho do travesseiro" isso nem sempre é possível, então uma volta no corredor ou uma rápida pausa já é o suficiente para esfriar a cabeça e tomar uma decisão melhor. O fato de se afastar da mesa de negociação já é o suficiente para diminuir a pressão psicológica e reduzir a ansiedade, facilitando a racionalização e evitando o arrependimento posterior em função de concessões desfavoráveis. Decisão alguma deve ser tomada no auge da emoção.

2.5.5 Táticas e contratáticas

O que acontece quando é necessário negociar com alguém que usa táticas persuasivas e efetivas?

Há no mundo dos negócios, como em qualquer atividade humana, pessoas que trapaceiam e jogam sujo, dificultando a chegada a acordos vantajosos e resultados justos para as partes. As táticas de negociação em algumas situações podem ser desonestas e mostrar que se está lidando com um negociador de estilo Ganha-Perde. Dependendo do negociador, pode haver blefe, omissões, ofensas pessoais e até mesmo mentiras. Alguns aspectos podem ser levados em consideração para identificar as possíveis inverdades durante o processo de negociação, como a falta de estruturação ou argumentação inadequada, expressão corporal, firmeza e velocidade na fala. Ao perceber esses sinais, o negociador deve ficar alerta, tendo o cuidado de não julgar o interlocutor somente com base nessas percepções.

Existem algumas táticas conhecidas que podem ser identificadas, sendo que para cada uma delas há certas formas de reagir para superá-las ou contorná-las, caso sejam usadas durante o processo de negociação. Algumas são muito comuns e um negociador preparado terá vantagem ao perceber que os outros estão usando essas táticas, pois os torna previsíveis e reduz o aspecto emocional normalmente provocado por quem tem como objetivo manipular a conversa. As onze táticas mais usuais são:

1. O melhor pelo menor preço

   Esta tática normalmente é adotada no momento da negociação de um contrato. O comprador analisa todas as propostas dos fornecedores e seleciona o melhor apresentado de cada uma delas, combinando o escopo mais completo com o menor preço entre as propostas. Dessa forma, pleiteia que o fornecedor que lhe ofereceu o menor preço atenda ao "novo" escopo, ou então, que o fornecedor que lhe ofereceu o escopo mais abrangente efetue o fornecimento com o preço mais baixo.

   Contratática: O gerente deve explicar a relação entre e o escopo e os preços do que está sendo oferecido. Manter a associação entre preços ao pacote que está sendo cotado oferece transparência de como se chegou ao valor final, destacando aspectos como a qualidade, o prazo de entrega e a competência técnica da equipe que realizará o trabalho. Se a outra parte quer negociar um escopo diferente ou reduzir os preços, o gerente deve demonstrar boa vontade para fazê-lo.

2. Migalhas

Isso acontece normalmente ao final das negociações. Tipicamente é um pedido por alguma coisa extra a custo zero. Por exemplo: "Ah, só um momento, antes de eu assinar o pedido! O treinamento da equipe no aplicativo é grátis, certo?".

Contratática: A melhor resposta do gerente de projetos é oferecer um "sim condicional" com uma solicitação (poder-se-ia chamar de "contramigalhas"). "Não estava previsto, mas podemos conseguir isso caso se opte pela Assistência Técnica 24x7". O gerente deve explicar o porquê de não poder acomodar o pedido do outro sem reabrir as negociações.

3. Surpresa

O negociador faz uma mudança súbita no objeto da negociação, visando deixar a outra parte despreparada e sem argumentos para negociar. Essa costuma ser uma tática pouco honesta, pois é usada para manipular a outra parte, obrigando-a a fazer uma concessão, que vem na forma de surpresa e visa distrair o outro lado. Pode se referir a um problema acontecido no passado que resgata problemas que recaem sobre o outro lado.

Contratática: O gerente de projetos deve usar a técnica de "pôr de lado" quando acreditar que o outro lado está usando essa técnica. Pode-se dizer: "Vamos pôr isso de lado momentaneamente e acordar no que estamos negociando neste momento. Nós podemos voltar àquele ponto depois, se julgar pertinente".

4. Pressa

Esta é uma tática bastante comum. Compradores usam esta tática para atrasar negociações quando o fornecedor está encurralado pelo tempo. Dessa maneira, o vendedor pode ficar mais vulnerável a fazer concessões. Nessa tática, o negociador pode interromper a conversa de forma intencional, deixar a outra parte esperando propositalmente, atender ao telefone, pedir licença e sair da sala e conversar com outras pessoas. Isso intimida a outra parte, forçando-a a querer resolver logo a questão e ir embora. Em outras situações, o negociador pode deixar a negociação para ser realizada próxima do horário de refeições. Pressionada pela fome ou pelo desejo de fumar, a outra parte tende a fazer mais concessões para encerrar de vez a negociação.

Contratática: O gerente de projetos deve se planejar e nunca informar que tem pressa, fome ou vontade de fumar. Convencer o comprador que foi destinado um tempo para as negociações e que não há pressa.

5. Pegar ou largar

    É uma tática muito utilizada, principalmente ao final das negociações para fazer pressão para o fechamento. Não há nada de errado em aplicar esta tática e haver um posicionamento final firme, confrontando a outra parte a se decidir depois de uma longa discussão. O negociador pressiona pela decisão final, declarando que é uma oferta final e, caso não seja aceita, não haverá acordo. O negociador pode estabelecer um prazo para que seja dada a resposta, sob o risco de perder a oportunidade.

    Contratática: O gerente de projetos não deve dar importância à declaração e continuar negociando como se a outra parte não tivesse dito nada. Caso a oferta seja realmente final, certamente, o negociador pressionará novamente. (FISHER; URY, 2014).

6. Blefe

    Esta também é uma prática muito comum. O comprador diz que o fornecedor é o favorito dele. O comprador afirma querer este fornecedor para o negócio, mas tem um valor limitado de recursos. O fornecedor terá de se virar com o valor total estipulado pelo comprador.

    Contratática: O gerente de projetos não deve ceder ao número apresentado e trabalhar para encontrar soluções, incluindo uma provável redução de escopo no fornecimento.

7. Autoridade limitada

   A parte alega que precisa consultar um superior para dar uma resposta final a uma proposta já negociada. Um exemplo dessa tática é quando o comprador faz o fornecedor chegar ao seu melhor preço e diz: "De acordo, porém, deixe-me conversar com meu gerente, diretor, superintendente, etc.". Então ao retornar, afirma que "eles" não aprovaram o valor apresentado e oferecem uma contraproposta, apresentando-a.

   Contratática: O gerente de projetos deve imediatamente afastar as chances da outra parte de apelar, por isso deve indagar: "Quem são os envolvidos na decisão final?", "Como é o processo de decisão neste caso?".

8. Dividir a diferença

   Quando se estiver perdendo pelo preço e indo embora, cuidado se ouvir: "Nós quase chegamos lá... Deve haver alguma coisa que possamos fazer para resolver isso".

   Contratática: Quando se ouve tais palavras, "Deve haver algo que podemos fazer aqui", o gerente de projetos pode utilizar duas opções: "Nós podemos dividir a diferença, mas se o fizermos será somente uma vez e assinaremos o acordo" ou "eu não acredito que dividir a diferença seja uma solução benéfica para ambos. Vamos encontrar outra solução".

9. Impasse

   O negociador diz que chegou a um ponto onde nenhum acordo é possível devido ao grande número de pontos não resolvidos.

   Contratática: Neste caso, o gerente de projetos pode adotar uma ou mais destas opções: mudar os membros da equipe; solicitar um tempo adicional; parar o projeto, oferecer uma divisão de riscos; buscar um acordo de colaboração; usar um mediador; postergar as questões mais complicadas; oferecer uma concessão que seja vantajosa para o outro lado e que custe pouco.

10. Vantagens nas futuras negociações

O negociador afirma que, caso se aceite o que está sendo proposto, fará com que haja benefícios nas negociações futuras.

Contratática: o gerente de projetos deve estar ciente que não há uma conta corrente nas negociações; ou seja, em uma próxima negociação, as propostas de todos os fornecedores serão avaliadas sobre os mesmos critérios e de forma isonômica.

11. Suborno

Esta é obviamente uma prática desonesta, antiética e ilegal. O fornecedor oferece vantagens pessoais ou valores para que se feche o negócio. Isso pode acontecer depois que se percebe que o valor está acima dos outros concorrentes e existe uma ênfase na negociação com o gerente de projetos e não com a empresa.

Contratática: O gerente não deve perguntar detalhes ou valores em hipótese alguma. Deve manter o equilíbrio emocional e evitar uma atitude agressiva ou impulsiva. Deve dizer simplesmente que tem certeza que seria muito mais produtivo oferecer um desconto como parte das negociações e que a proposta final será avaliada juntamente com as dos demais concorrentes. Caso exista alguma insistência na oferta de vantagens pessoais, o gerente deve ser explícito na comunicação acerca das políticas da organização e de seus valores pessoais.

2.6 Compromisso e coerência

A coerência é uma característica dos seres humanos que normalmente agem de acordo com o que expressam publicamente, ou seja, tendem a permanecerem fiéis e condizentes com suas afirmações, declarações e valores. Quem não age com coerência é considerado confuso, que não inspira confiança e pode atuar de forma diferenciada do que expressa pensar. Nas negociações é importante entender dos interlocutores quais são suas ideias e, principalmente, quais foram seus compromissos em acordos anteriores. Normalmente a coerência de comportamento é esperada e aqueles que têm ações correspondentes a seus posicionamentos, tendem a ser mais bem ouvidos e bem interpretados. Segundo Cialdini (2012) trata-se apenas do desejo que se tem de ser e parecer coerente com o que já foi feito. Após assumir uma posição ou optar por determinado ideal, deparam-se com pressões sociais que exigem que seu comportamento esteja de acordo com seus compromissos.

> Normalmente o comportamento é condizente com os compromissos assumidos anteriormente e, por isso, há uma tendência que os acordos fechados sejam fiéis a esses compromissos.

Quando os compromissos são assumidos publicamente, as pressões sociais pela coerência tornam-se ainda maiores. Um exemplo está na história da rede de restaurantes de *fast food* Subway, em que no final da década de 1990 o Chief Executive Officer (CEO), Fred DeLucca, insistia em imprimir em cada um dos guardanapos dos estabelecimentos a seguinte frase: "10 mil lojas em 2001". Parecia uma meta um tanto agressiva sendo que naquela época essa meta estava muito distante, pois a rede contava com cerca de 5 mil restaurantes, e os consumidores provavelmente não se importavam com isso. Ao ser questionado sobre os motivos, Fred respondeu: "Se eu colocar minhas metas por escrito e torná-las conhecidas pelo mundo, estarei comprometido em alcançá-las" (*apud* CIALDINI, 2012). A empresa conseguiu atingir e até superar as expectativas, sendo que em 2011 contava com mais de 35 mil restaurantes em mais de 100 países.

Já que a coerência é de interesse geral, incorre-se no hábito de ser coerente de forma automática, mesmo em situações em que este não seja o caminho mais sensato. (CIALDINI, 2012). Há pessoas que, mesmo convencidas de que suas posições já não são tão sensatas, continuam firmes sem mudar de opinião por honrar seu compromisso ao se posicionar de determinado modo anteriormente. Dessa forma, agir de modo coerente sem pensar pode ter consequências desastrosas. Há uma frase famosa de Blaise Pascal que diz: "Não me envergonho de mudar de opinião, porque não me envergonho de pensar".

A característica humana de ser coerente com seus compromissos pode ser usada nas negociações, pois novos acordos devem acontecer de forma coerente a compromissos passados. Por exemplo, se o interlocutor defendeu em outro projeto que a presença de um especialista durante as primeiras fases seria determinante para o sucesso, da mesma forma, defenderá essa mesma ideia para projetos posteriores, caso contrário teria de argumentar do porquê dessa sua nova posição. Portanto, ao expor as opções para fechamento de um acordo é esperado que o interlocutor seguirá uma linha de conduta lógica, aderente às declarações passadas. Sendo assim, conduzir as interações de modo a resgatar as afirmações e declarações já realizadas, buscando que os interlocutores cheguem à própria conclusão de que estão sendo coerentes, é uma importante ferramenta para se conseguir o que se quer: fechar bons acordos para todas as partes.

Negociadores experientes utilizam com frequência a característica da coerência, a exemplo de vendedores de automóveis habilidosos, que de forma inteligente conduzem o comprador a realizar a compra mais adequada para sua realidade. Esses negociadores costumam ser observadores ao analisar o comportamento de uso do cliente, como: tamanho da família, preferências por viagens, compras anteriores, etc. A elaboração de perguntas é criteriosa, direcionando a oferta para as preferências do cliente, por vezes, oferecendo algo mais arrojado do que o necessário. Entretanto, de modo a manter a coerência o cliente acaba adquirindo o bem, mesmo que não seja exatamente o que pretendia gastar. Por exemplo, quando o cliente é indagado sobre o número de pessoas da família que se pretende viajar, ao responder que tem três filhos e faz uma viagem de mais de mil quilômetros com a família anualmente, certamente, o vendedor oferecerá um carro espaçoso, seguro e confortável. Como argumento final, o vendedor ainda poderá dizer: "Afinal, como realizar uma viagem dessas submetendo sua família ao desconforto e à insegurança?". Nesse caso, como forma a manter a coerência com suas respostas, o cliente acaba adquirindo um automóvel, mesmo que esteja acima do valor que pretendia gastar.

2.7 Princípio do contraste

Uma estratégia que pode ser adotada nas negociações está baseada no princípio do contraste. É um princípio da percepção humana que afeta diretamente o modo como se vê a diferença entre duas situações. Cialdini (2012) cita uma demonstração curiosa que costuma ser realizada para exemplificar esse princípio, em que uma pessoa é colocada à frente de três baldes de água: um com água morna, um com água à temperatura ambiente e outro com água gelada. É orientada a colocar uma mão no balde com água morna e outra na água gelada por algum tempo, depois é instruída a colocar simultaneamente ambas as mãos no balde com água à temperatura ambiente.

Imediatamente surge uma reação de espanto, pois mesmo que ambas as mãos estejam no mesmo balde, a mão que antes esteve na água fria sente como se estivesse em água quente, enquanto aquela que esteve em água quente sente como se estivesse em água fria. Um exemplo de nosso cotidiano é de quando se está dentro de um carro a 120 Km/h e a velocidade é reduzida para 80 Km/h. Ainda que 80 Km/h seja uma velocidade elevada, principalmente em caso de colisão, a percepção é de lentidão. O princípio está bem consolidado no campo da psicofísica; entretanto, aplica-se a todo o tipo de percepção.

> Vendedores considerados bons negociadores são instruídos a oferecem primeiro os objetos mais caros, pois quando o comprador for procurar por itens de menor valor, estes parecerão mais baratos do que realmente são.

Portanto, ao entrar em uma loja para comprar um par de sapatos e um de meias, se o vendedor estiver bem instruído, certamente oferecerá primeiro o par de sapatos e só depois que o cliente decidir pela compra é que mostrará as meias, que parecerão mais em conta em relação ao par de sapatos que acabou de comprar, mesmo que seu valor esteja acima do mercado. Vendedores de automóveis costumam oferecer os acessórios e opcionais somente depois que a negociação do principal estiver fechada, pois os preços desses opcionais parecerão baixos comparados ao valor da compra que o cliente acabou de realizar. Essa estratégia pode parecer premeditada, contudo, isso é feito o tempo todo para negociar e conseguir o que se quer, mesmo que de forma inconsciente. Por exemplo, um adolescente de 14 anos que quer sair à noite com amigos e negocia com seus pais o horário de retorno para meia-noite, mas consegue autorização para retornar até as 22 horas, quando na verdade este era o objetivo – comparando meia-noite com 22 horas, 22 horas é cedo, embora não seja para um adolescente de 14 anos. Outro exemplo é a de uma menina de 7 anos que já havia comido quatro balas na casa de um amigo e seu pai a repreendeu dizendo que bastava, pois já havia comido quatro. A menina respondeu que não eram quatro balas, eram duas de morango e duas de abacaxi.

Existe uma parábola popular que referencia uma questão de percepção chamada "colocar o bode na sala".[6] Uma das versões dessa fábula conta que um fazendeiro cansado de ouvir reclamações de sua família sobre as péssimas condições de sua casa, colocou para dentro da sala o bode mais fedorento da fazenda. A vida que para seus familiares era considerada ruim se tornou insuportável. No final de algumas semanas o fazendeiro retirou o bode da sala e a partir daí sua família não apenas parou de reclamar como ainda teceu elogios à sua generosidade e benevolência para com todos.

Em negociações, essa estratégia pode ser útil em situações nas quais se quer influenciar os interlocutores a aceitarem uma solicitação, ao fazer comparações e tecer comentários a respeito das consequências de não acatarem o pedido. Ao solicitar orçamento para treinar a equipe de um projeto, por exemplo, o gerente poderia fazer três cotações, sendo a primeira com o fornecedor mais renomado e preço muito alto, a segunda com valor um pouco abaixo e a terceira com preço bem mais em conta. A terceira opção parecerá muito atraente comparada à primeira, mesmo com um preço consideravelmente alto. Da mesma forma que é útil conhecer esse tipo de estratégia, também é importante reconhecer quando os participantes de uma negociação a estão colocando em práti-

---

6 **Parábola do "bode na sala"**: há algumas versões desta mesma parábola, com origens na Rússia, China e até uma versão nordestina. Independentemente da origem, o significado é o mesmo: criar um problema maior para que, quando solucionado, o problema anterior passe a ser percebido como irrelevante.

ca. Diante desse tipo de situação, a melhor defesa é ter em mãos sempre informações de referência que possam ser usadas como comparação e, portanto, tomar decisões com base em critérios objetivos, pois, em geral, o que é o mais barato não é o melhor.

CAPÍTULO 3

OS ELEMENTOS PARA A NEGOCIAÇÃO

Neste capítulo são abordados os principais elementos presentes em uma negociação, incluindo aspectos comportamentais e habilidades, como: comunicação, empatia, confiança e persuasão, que reunidas podem trazer resultados mais positivos em uma negociação, obtendo-se compromisso entre as partes envolvidas.

Em contrapartida, algumas particularidades, como: preconceitos, não aceitação a aspectos culturais, além de equivocadas generalizações sobre determinados grupos sociais (estereótipos) podem dificultar ou mesmo impedir o sucesso de uma negociação. Por isso, liderança, respeito pessoal e equilíbrio nas relações interpessoais são elementos necessários em qualquer iniciativa de sucesso.

Assim, oito elementos são apresentados e discutidos (Comunicação; Compromisso; Compreensão, empatia e confiança; Equilíbrio, razão *versus* emoção; Persuasão, Estereótipos; Liderança, grupo e poder; e, Aceitação e aspectos culturais), evidenciando sua relação direta com negociações e seu potencial impacto nos resultados finais.

3.1 Comunicação

A capacidade de comunicação é uma das habilidades comportamentais do gerente de projetos mais desejadas e é identificada como "a maior razão do sucesso ou fracasso de um projeto". (PMI®, 2013). Na pesquisa PMSURVEY.ORG (2014) que teve a participação de 400 organizações de nove países (82% são organizações do Brasil), apontou que 61,6% das organizações pesquisadas citaram a comunicação como uma habilidade necessária e valorizada ao gerenciar projetos, tendo esta ficado na primeira posição na classificação geral. Na Figura 4 são apresentadas as habilidades citadas na pesquisa, sendo certo que é possível observar que "Liderança" e "Negociação" também são muito valorizadas, respectivamente com 57,8% e 43,6% das citações.

FIGURA 4 – Principais habilidades necessárias e valorizadas ao gerenciar projetos nas organizações

Fonte: extraído e adaptado de PMSURVEY.ORG (2014).

Não é estranho o fato de essa habilidade ser tão valorizada, pois o gerente de projetos passa a maior parte de seu tempo se comunicando, seja com a equipe de projeto, com o patrocinador, fornecedores, clientes, outros gerentes, etc. Conduzir reuniões, redigir atas de reuniões e *e-mails*, apresentar relatórios de desempenho, dar *feedback* à equipe e inclusive negociar, são exemplos de atividades que exigem da capacidade de comunicação do gerente de projetos.

Na mesma pesquisa, dentre 20 problemas frequentes nos projetos, o item "problemas de comunicação" aparece na primeira colocação com 64,2% de citações, ou seja, três em cada cinco das organizações pesquisadas têm problemas de comunicação em seus projetos. (PMSURVEY. ORG, 2014).

Independentemente do contexto em Gerenciamento de Projetos e de modo geral, as falhas na comunicação ocorrem na maioria das organizações. Ao questionar os colaboradores em uma pesquisa de clima organizacional ou pela própria percepção no ambiente de trabalho, certamente o tema comunicação emerge como um dos pontos falhos. Essa deficiência organizacional está diretamente ligada ao fato de que organizações são compostas por pessoas, que por sua vez possuem características diferentes das mais variadas formas: cultura, linguagem, valores, dogmas, experiências, expectativas, sexo, idade, nacionalidade, grupo socioeconômico e constituições emocionais diferentes. Por muitas vezes, essas diferentes características promovem barreiras de comunicação que precisam ser superadas para que os problemas sejam minimizados. Sendo assim, o convívio profissional em um ambiente organizacional, que depende principalmente da colaboração entre os integrantes, dificilmente não contará com questões relacionadas à comunicação. Há também que se considerar o fato de que quanto mais pessoas e partes interessadas forem envolvidas, mais canais de comunicação serão necessários administrar, tornando os projetos ainda mais complexos à medida que a comunicação se expande.

O objetivo deste tópico não é esgotar completamente o tema comunicação, que envolve questões bastante amplas do comportamento humano, mas de proporcionar um entendimento de como a comunicação pode interferir nas negociações e de que modo é possível obter melhores resultados com o desenvolvimento de alguns hábitos positivos.

Segundo Diamond (2012) é provável que a principal causa de fracasso nas negociações mundo afora seja por falhas na comunicação. O autor conclui que a maior causa individual dos problemas de comunicação é o "erro de percepção", pois dois observadores de uma mesma imagem, com frequência, discutem porque divergem sobre diferentes partes da imagem. Por meio de variados pontos de vista, as conclusões podem ser diferentes diante do mesmo cenário. Ainda que ambos os observadores possam estar certos, há uma realidade maior que precisa ser detectada e entendida, sendo que em muitos casos não é percebida claramente. Os dois observadores podem estar fixados demais em suas próprias opiniões e posições que não são capazes ou não estão dispostos a aceitar outro ponto de vista. A realidade pode ser tão complexa que as observações feitas sobre um determinando assunto, vistas de ângulos diferentes, podem parecer bem contraditórias. Um exemplo de como isso acontece está ilustrado na Figura 5, que demonstra que dependendo do ponto de vista do observador, um cilindro (realidade absoluta) pode parecer ser apenas um quadrado para um; e para o outro observador, apenas um círculo (nota-se isso pelas projeções da imagem). Ademais, o cilindro pode parecer estar na parte interna ou externa do cubo.

FIGURA 5 – diferentes percepções (pontos de vista)

Fonte: os autores.

Como forma de eliminar as lacunas da percepção, o profissional precisa incluir no seu repertório de negociação alguns questionamentos a si mesmo: O que está percebendo? O que os outros estão percebendo? Se existe divergência (caso exista, entender os porquês). Ao obter as respostas, cabe ao interlocutor primeiro buscar entender as percepções do outro para então explanar as suas. A maioria ouve mais facilmente uma explanação de percepções quando alguém pergunta primeiro quais são as delas, pois se sentem mais valorizadas. (DIAMOND, 2012).

Outra forma de ampliar a influência nas negociações por meio da comunicação está no desenvolvimento da capacidade de se colocar no lugar do outro, ou seja, desenvolver a comunicação empática, que estende a percepção humana e permite que o interlocutor esteja mais aberto a entender o outro lado. A empatia é um dos assuntos abordados mais adiante no item 3.3 "Compreensão, empatia e confiança", que reforça a necessidade de que na comunicação se leve em consideração os sentimentos, expectativas e preocupações das partes alheias. Ainda que o profissional tenha comportamento ético e caráter firme, a incapacidade de ouvir atentamente para buscar melhor compreensão do posicionamento das outras partes pode levá-lo à deficiência nos relacionamentos e, consequentemente, prejudicar as negociações. Sendo assim, em qualquer rodada de negociação, é importante que o profissional busque a ampla compreensão para que seja possível interagir de modo eficaz, permitindo influenciar e buscar as melhores opções para se chegar a um acordo.

Adicionalmente, eis oito cuidados básicos com a comunicação que o negociador precisa tomar para que obtenha melhores resultados:

1. **Prestar atenção ao que os outros falam e ao que o próprio negociador fala.** Isso envolve mais do que empatia, envolve realmente "ouvir e entender" todo o contexto da comunicação. É comum pensar antecipadamente em qual resposta dar, antes mesmo de seu interlocutor terminar de falar, muitas vezes até interrompendo-o.

2. **Ouvir e fazer perguntas.** Quanto mais se obtém informações sobre os negociadores e a situação, maiores são as chances de influenciar os outros e conseguir bons acordos.

3. **Administrar as emoções.** Muitas vezes as negociações tornam-se tensas, o estresse aumenta e as emoções tendem a aflorar com maior facilidade. As emoções afloradas prejudicam a capacidade de se comunicar com clareza. Quando algum interlocutor utiliza palavras duras ou faz críticas dolorosas é válido convidar a pessoa a sentar-

-se ou sugerir uma pausa. Outra maneira de amenizar os ânimos é demonstrar-se atento ao que está sendo dito, resumindo as ideias da outra pessoa com as próprias palavras. (HARVARD BUSINESS SCHOOL PRESS, 2004). Ficar emotivo não ajuda na negociação e, portanto, não se pode permitir que o estresse e a ansiedade sufoquem a comunicação.

4. **Valorizar as ações dos outros.** Estudos realizados com crianças e adultos nos últimos cinquenta anos mostram que culpar os outros reduz o desempenho e a motivação, enquanto elogiar melhora esses dois itens. Comparando os negociadores hábeis, os negociadores medianos jogam a culpa no outro com três vezes mais frequência, levam em conta metade das opções criativas, buscam um denominador comum menos de um terço das vezes e compartilham bem menos informações. (DIAMOND, 2012).

5. **Evitar debater sobre quem tem razão.** A meta de uma negociação é o acordo e não definir quem tem razão. Ficar discutindo quem está certo e quem está errado raramente ajudará a chegar a uma conclusão útil. Portanto, é mais produtivo e assertivo fazer perguntas e buscar os entendimentos do que ter razão.

6. **Sintetizar os entendimentos frequentemente.** Fazer um resumo com as próprias palavras demonstra que o negociador está prestando a atenção ao que está sendo exposto e valoriza as outras partes. Isso também lhes dá a oportunidade de correção quando as colocações não estão de acordo com o que foi apresentado anteriormente.

7. **Consultar antes de decidir.** Ao tomar decisões de forma unilateral, sem envolver as partes interessadas, corre-se o risco de que os outros se oponham, "não comprem a ideia" e criem obstáculos. Em tese, trata-se de uma mensagem não verbal de que suas opiniões não são importantes e não precisam ser levadas em conta, embora a decisão as afete. Outro risco é perder a oportunidade de ouvir boas ideias que não foram consideradas e poderiam ter sido aplicadas.

8. **Observar as expressões dos demais e reforçar os argumentos com linguagem corporal.** Popularmente, a comunicação não verbal é atribuída à "linguagem corporal", ou seja, a intenção de comunicação que é dada por gestos, expressões faciais, postura e tudo o que não é expresso de forma oral. Embora a linguagem corporal forneça pistas importantes sobre as intenções do interlocutor, não se pode confiar cegamente nelas. De qualquer modo, negociadores eficazes não só controlam com cuidado as mensagens que transmitem por meio destes meios não verbais como também sabem interpretar este tipo de sinal nos outros. Segundo Furnham e Petrova (2011), existem inúmeras maneiras de definir e delinear comportamentos não verbais. Uma delas é estabelecer se estão relacionados à fala ou são independentes. Outra baseia-se em sua função social, sendo que os comportamentos não verbais:

- Repetem, ecoam e enfatizam o que está sendo dito;
- Completam, modificam e elaboram as mensagens verbais;
- Entram em conflito, contradizem ou confundem mensagens verbais para demonstrar ambivalência ou encobrir motivos;
- Substituem palavras;
- Sublinham, acentuam, pontuam ou moderam a linguagem;
- Regulam e coordenam a linguagem.

3.2 Compromisso

A palavra "compromisso" possui diversos sentidos. Covey (2013), por exemplo, associa-a a comprometimento, por isso o autor menciona que nas iniciativas em uma empresa, os profissionais devem ser envolvidos para que se estabeleça o comprometimento (compromisso) com sua execução (p. 173).

Outro sentido da palavra "compromisso" é quanto às relações sociais – um encontro, uma reunião, uma atividade pré-agendada; todavia, a maior parte de significados da palavra compromisso está associada à "obrigatoriedade".

No contexto jurídico, o compromisso é uma convenção, um pré-contrato estabelecido entre partes, que pode ser verbal ou escrito, sendo certo que a lei impõe determinadas formalidades e requisitos. É bilateral e comutativo, pois as partes assumem direitos e obrigações recíprocas, claras e previstas. Além disso, pode haver também uma cláusula compromissória, que é uma convenção por meio da qual as partes de um contrato submetem à arbitragem os eventuais litígios que porventura possam surgir especificamente àquele contrato. (ROQUE, 2003).

Em negociação não é diferente. O termo "compromisso" representa comprometimento com o que foi pactuado, ou seja, obrigação, dever, responsabilidade assumida. E é justamente por isso que em contratos estão previstas cláusulas sobre as hipóteses de rescisão e sanções diversas, como rescisões, multas e penalidades, incluindo indenizações, caso uma das partes não cumpra com suas responsabilidades.

Analisando-se um projeto de integração na área de Tecnologia da Informação com fornecedores distintos de hardware, de *software* básico, de *software* aplicativo, de logística, de treinamento e de suporte, uma falha no fornecimento de qualquer um deles impactará de forma direta o progresso do projeto, podendo comprometer os resultados esperados; por isso, há previsão de penalidades e sanções. Outro exemplo seria um projeto para a realização de uma feira internacional de máquinas e equipamentos, com fornecedores distintos de serviços para a criação de identidade/comunicação visual, divulgação do evento, criação e impressão de catálogos, montagem de estandes, seguro e transporte de equipamentos, adaptações elétricas nos estandes, testes de funcionamento dos equipamentos, serviços de recepção aos visitantes, fornecimento de alimentação e de *coffee breaks*.

> Compromisso representa obrigatoriedade do que foi acordado entre as partes, por isso preferencialmente deve ser registrado em contrato, para segurança jurídica das partes.

Um contrato deve registrar não somente as responsabilidades assumidas entre as partes, a vigência, os preços, as condições de faturamento, pagamento e repactuação. Há inúmeras cláusulas que regulam um fornecimento e o desempenho do fornecedor, desde a qualificação completa das partes no preâmbulo e a existência de cláusulas sobre os critérios de aceite, as penalidades e incentivos, as condições de término (motivadas e imotivadas), garantias, confidencialidade, permissão para uso de subcontratados ou não, as eventuais indenizações e os limites de responsabilidade. Por isso, torna-se imperativo registrar que a elaboração de um contrato é responsabilidade de área/profissional especializado e competente para tal atividade, podendo (e devendo) ter o suporte do gerente de projetos quanto às particularidades do fornecimento em fase de contratação para o projeto.

A Área Jurídica de uma organização possui conhecimento nos variados tipos de contratos e cláusulas. O apoio desta área traz segurança às contratações do projeto, além de evitar a assinatura de contratos desfavoráveis.

> Contrato é feito por advogados. Gerentes de projetos auxiliam na elaboração quanto às especificidades do fornecimento.[7]

---

7 **Elaboração de contratos**. É crucial para um bom contrato que o gerente de projetos esclareça as eventuais dúvidas do advogado ou lhe disponibilize todas as informações sobre o projeto para que as cláusulas e condições contratuais sejam aderentes às necessidades do negócio.

CASO REAL

Há alguns anos, dois contratos similares eram pactuados por uma empresa de Tecnologia de Informação: o primeiro com uma empresa de telefonia, e o segundo, com um banco de varejo. Embora as soluções técnicas fossem distintas, o objetivo dos projetos era comum. A solução no projeto de telefonia tinha como objetivo o reconhecimento de voz, possibilitando que o usuário efetuasse uma ligação telefônica por meio de um comando de voz, ou seja, falando pausadamente os números do telefone de destino. O outro projeto, junto ao banco, tratava-se do reconhecimento do valor preenchido em cheques por meio da leitura do conteúdo no campo de cortesia (retângulo do canto superior direito do cheque) – para tanto era utilizado um equipamento de leitura/classificação de cheques.

Os contratos foram firmados pela empresa de tecnologia com a de telefonia e com o banco. Projetos iniciados e depois de muito trabalho e tentativas frustradas, os projetos foram descontinuados, pois não atingiam o índice registrado como requisito (havia um percentual mínimo de reconhecimento como fator de sucesso em cada projeto).

O projeto com o banco foi encerrado três meses após o início. O projeto com a empresa de telefonia se arrastou por longos semestres, após reuniões tensas e constantes pedidos de "novas tentativas" por parte da empresa de tecnologia. Ambos os contratos estavam bem estruturados, pois continham o percentual mínimo a ser atingido pela solução *(software)*. Entretanto, no contrato com o banco constava que o atingimento do objetivo deveria ocorrer em até três meses, considerando o projeto automaticamente encerrado após este prazo, sem o pagamento de qualquer valor ao fornecedor. Em contrapartida, o contrato com a empresa de telefonia não menciona o prazo, por isso, como a cada semana o percentual melhorava, a empresa de tecnologia, solicitava nas calorosas reuniões, postergações de prazo para realizar novas tentativas – processo este que se arrastou por um longo período. Mesmo sem obter sucesso, a empresa de tecnologia pleiteou (por diversas vezes) junto à empresa de telefonia o ressarcimento de seus custos no projeto, em função do longo período de atuação e despesas de viagens de profissionais do exterior; todavia, recebeu sempre um sonoro "não".

PONTOS DE DESTAQUE

- Em ambos os contratos havia clareza do escopo dos serviços. O que seria feito e o que não seria feito. Clareza também sobre quais eram as responsabilidades das partes.
- Nas negociações, os critérios de aceite (índice mínimo a ser atingido) foram bem definidos e registrados em contrato. Os critérios de aceite, sempre que possível devem ser tangíveis, quantificáveis e verificáveis.
- O contrato elaborado pelo banco continha o prazo máximo para o atingimento do objetivo do projeto e declarava que não haveria pagamento algum ao fornecedor, caso o objetivo não fosse atingido. A rescisão foi considerada motivada, sem questionamento pela empresa de tecnologia.
- Há casos, sobretudo em projetos de integração, quando uma empresa contrata um fornecedor para complementar seu *expertise*, que as condições de desempenho exigidas pelo cliente sejam contempladas também no contrato com o fornecedor, ou seja, estabelecendo o *back-to-back*.

3.3 Compreensão, empatia e confiança

A **compreensão** é um processo psicológico que indica a capacidade de perceber e assimilar o significado de algo. Quando se expande esta percepção e entendimento aos sentimentos de outra pessoa, fala-se em empatia.

A palavra **empatia** tem sua origem no grego *empatheia* e significa "entrar no sentimento", que foi transformada por pesquisadores em sentir por aquilo que o outro está vivenciando sem, contudo, sentir o que este outro está sentindo. Uma referência na área de empatia é o *best-seller* de Daniel Coleman intitulado Inteligência Emocional: a teoria revolucionária que redefine o que é ser inteligente. O autor define empatia como sendo a capacidade de saber como o outro se sente, de estar em sintonia emocional.

Coleman (2001) destaca que raramente as emoções são postas por meio de palavras, mas sobretudo pelo tom de voz, gestos, expressões faciais e sinais.

> Em um processo de negociação deve-se buscar interpretar as mensagens não verbais, pois evidenciam o aspecto emocional, enquanto as palavras refletem o mundo racional.

Em uma reunião, deve-se atentar a sinais de ansiedade no tom de voz de uma pessoa, irritação na rapidez de um gesto do interlocutor. O autor afirma que a empatia exige calma e receptividade para que os sutis sinais sejam recebidos, destacando que no calor da fúria há pouca ou nenhuma empatia.

De acordo com o PMI® (2013), o estabelecimento da **confiança** é uma das 11 habilidades interpessoais de um gerente de projetos.[8] Os relacionamentos positivos só se estabelecem por meio da confiança,

---

8 As 11 habilidades interpessoais de um gerente de projetos (*soft skills*): liderança, desenvolvimento da equipe, motivação, comunicação, influência, processo decisório, conhecimento político e cultural, negociação, estabelecimento de confiança, gerenciamento de conflitos e *coaching*. (PMI®, 2013, Apêndice X3).

estando associada à cooperação, compartilhamento de informações e solução eficaz de problemas. Se não existir confiança ou se a confiança ficar comprometida, torna-se inevitável a deterioração dos relacionamentos e o abandono da colaboração.

Embora no Guia PMBOK® (PMI®, 2013) não conste de forma explícita a palavra "empatia", quando são citadas algumas ações para o estabelecimento de confiança, é mencionado: "olhar para além de seus próprios interesses" e "demonstrar uma verdadeira preocupação com os outros" (p. 518), essas ações endereçam o conceito de empatia.

 CASO REAL

Uma empresa de consultoria prestava um serviço de *Outsourcing*[9] de longo prazo (contrato de quatro anos) para uma instituição financeira cujo escopo de fornecimento era realizar atividades de reparo/conserto de equipamentos de informática em suas instalações. Embora o projeto estivesse no segundo ano de execução, o desempenho da consultoria estava muito aquém das expectativas e exigências contratuais, o que gerava insatisfação generalizada nos usuários da instituição, atingindo um nível de serviço tão ruim a ponto de se desejar romper o contrato.

Os SLAs[10] não eram atingidos há meses, por isso, para tentar melhorar o quadro caótico, a empresa de consultoria substituiu o gerente do projeto. Evidentemente, os problemas do projeto eram diversos,

---

9 **Outsourcing.** Atividades terceirizadas, quando as organizações transferem para um prestador de serviços a responsabilidade pela realização de tarefas até então executadas internamente e com recursos internos. (FARIA, 2008, p. 11).

10 **SLAs ou ANS** – *Service Level Agreement* ou Acordo de Nível de Serviço. São acordos formais que especificam como o trabalho será dividido entre a empresa e seus fornecedores, definindo o desempenho esperado pelo fornecedor, sendo formalizado por meio de indicadores de velocidade, disponibilidade, confiabilidade, tempo, satisfação, etc. (TURBAN; RAINER JR.; POTTER., 2007, p. 286).

como: equipe subdimensionada e mal treinada, baixa autoestima dos profissionais por atuar em projeto-problema e abandono do gerente do projeto (à equipe e à busca de soluções), ou seja, de forma coloquial pode-se dizer que o gerente já havia "jogado a toalha".

A primeira ação do novo gerente foi agendar uma reunião com os executivos da instituição financeira para apresentar e debater os resultados dos últimos três meses. Na consultoria, a ação foi pouco estimulada, considerando a situação do projeto e a insatisfação do cliente. Por outro lado, os executivos da instituição financeira mostraram-se surpresos e indignados com a solicitação, pois não havia nada de concreto que evidenciasse alguma possibilidade de reversão do quadro. Aliás, o que se queria discutir era a rescisão contratual[11] e o processo de migração dos serviços para outro fornecedor.

O gerente do projeto preparou um material de alta qualidade, apresentando à empresa de consultoria o histórico de relacionamento com a instituição financeira e os resultados dos últimos três meses do projeto, apresentando uma análise de causa raiz[12] elaborada com apoio integral da equipe. No início da apresentação, teve como *feedback* ironia e agressividade. O gerente do projeto procurou mostrar a solidez da empresa de consultoria, o forte relacionamento estabelecido há muitos anos e a sinceridade no que apresentava, transmitindo confiança e credibilidade a seus interlocutores.

Apresentou um Plano de Ações que endereçava soluções para as causas identificadas, com prazos factíveis e realistas. A pressão dos executivos, neste momento, era imensa, pois os executivos que-

---

11 **Rescisão contratual** é a ruptura por interesse de uma das partes, por descumprimento das obrigações da outra. Efetiva-se de forma unilateral, gerando, como consequência, o direito da parte prejudicada de exigir da outra o pagamento de indenização por danos morais e/ou materiais. (XAVIER; WEIKERSHEIMER; LINHARES; DINIZ, 2010, p. 104). Outras formas de finalização de contrato são: terminação, resolução e resilição, que têm efeitos jurídicos distintos.

12 **Análise de causa raiz** é uma técnica específica para identificar um problema, descobrir as causas subjacentes que levaram ao problema e desenvolver ações preventivas. (PMI®, 2013, p. 326).

riam prazos imediatos, inexequíveis. O gerente do projeto demonstrando compreender as necessidades de negócios do seu cliente e colocando-se no seu lugar, assumiu como responsabilidade a redução dos prazos das iniciativas apresentadas e comprometeu-se a reapresentar os prazos revistos no dia seguinte à reunião. E assim foi feito. Internamente, conseguiu sensibilizar a alta direção da consultoria da gravidade da situação e após consistente argumentação de rentabilidade financeira do projeto, de novos negócios no cliente e reputação da consultoria, obteve o apoio necessário, impedindo o rompimento do contrato de prestação de serviços.

PONTOS DE DESTAQUE

- Na negociação com o cliente: sinceridade, estratégia na amplitude do conteúdo da apresentação (não se limitou somente em apresentar os resultados do projeto, mas também, de forma sucinta mostrou o histórico de relacionamento com o cliente), compromisso (plano de ação com prazos) e empatia (identificou a urgência do cliente na busca de soluções e na redução dos prazos).
- Na negociação interna com a equipe: compreensão (assim que assumiu a gerência do projeto, conduziu uma reunião, procurou ouvir e valorizar os profissionais da equipe, convencendo-os para obter apoio na preparação do material, a fim de "virar o jogo") e demonstrou compromisso com o projeto.
- Na negociação interna com a alta direção: assertivo na argumentação, alegando que era uma última oportunidade para "ganhar" ou "perder" o contrato, não haveria meio-termo. Foi incisivo quanto à obtenção de recursos e investimentos que se faziam necessários para o atingimento dos SLAs (ANSs) contratados.

3.4 Equilíbrio, razão *versus* emoção

A sociabilidade, em geral, contribui com o processo de negociação, embora haja momentos em que predominem a tensão e a seriedade, por isso, segundo Ochman (2009), a gentileza ou ações para animar o ambiente, embora facilitem a descontração, nem sempre são soluções para o avanço de uma negociação. O autor destaca outros aspectos de um negociador, como frieza, paciência e etiqueta.

A etiqueta em negociações comerciais representa um conjunto de normas de comportamento, que estão ligadas à atitude, e que segundo Ochman (2009) começa pelas aparências. O autor registra a célebre frase norte-americana *You never get a second chance to make a first impression*, que em uma tradução livre seria "Você não terá uma segunda chance para causar uma boa primeira impressão", ou seja, os negociadores devem se apresentar com elegância e cordialidade, serem pessoas agradáveis.

De acordo com o psicólogo suíço Carl Gustav Jung (1875-1961) *apud* Ochman (2009), as funções podem ser classificadas como racionais e irracionais (antes de se atribuir uma avaliação preconceituosa à palavra "irracional", entenda-se como algo que não se pode justificar com a razão). As funções racionais são: pensamento (conexão de conteúdos) e sentimento (processo que se realiza entre a pessoa e o conteúdo). As funções irracionais são: sensação (relaciona-se a estímulos internos e externos) e intuição (percepções). Os oito tipos junguianos são: pensamento extrovertido, sentimento extrovertido, sensação extrovertida, intuição extrovertida, pensamento introvertido, sentimento introvertido, sensação introvertida e intuição introvertida. No Quadro 2, podemos ver as principais características dos oito tipos definidos por Jung.

QUADRO 2 – Principais características dos oito tipos jungianos

1. Pensamento Extrovertido	**5. Pensamento Introvertido**
• Têm a vida guiada pelo pensamento. • São organizados e práticos. • Tendem a ser binários. • Têm como parâmetros as ideias, os ideais, as regras e os princípios objetivos. • Positivos, no entanto, são desconfiados, caprichosos e conservadores.	• Valorizam as ideias do ponto de vista do sujeito, não do objeto. • Interessam-se pela produção de novas ideias. • Facilmente se perdem no mundo da fantasia, da subjetividade. • Pouco práticos, são reservados com os fatos (mais teóricos). • Tendem a julgar de forma fria e arbitrária; ininfluenciáveis.
2. Sentimento Extrovertido	**6. Sentimento Introvertido**
• Com criatividade, procuram desenvolver relações harmoniosas de convívio social. • São orientados por dados objetivos. • O pensamento está subordinado ao sentimento. • Ajustam-se bem a situações dadas. • Rejeitam conclusões, mesmo lógicas.	• São difíceis de serem compreendidos, pois seu exterior pouco revela (pouco sociáveis). • Dão a impressão de não possuírem nenhum sentimento, podendo parecer frios ou indiferentes. • São pessoas reservadas e de difícil acesso. • Têm aparência de autoridade, com traços de superioridade e crítica. • Evitam festas e aglomerados, pois sua função avaliadora do sentimento paralisa-se quando muitas coisas ocorrem simultaneamente.

3. Sensação Extrovertida

- Realistas. Têm percepção dos fatos bem desenvolvida.
- Procuram pessoas ou situações que provoquem fortes sensações.
- O amor depende do atrativo físico da pessoa amada.
- Têm bom gosto estético. Dispostos, alegres e vivazes.
- Não se esquecem dos compromissos e são pontuais, adorando festas, esportes, comitês.

7. Sensação Introvertida

- São guiados pelo que acontece, sendo pouco capazes da compreensão objetiva.
- Tendem a recuar do mundo exterior e seus problemas.
- Têm pouca capacidade racional de julgamento para classificar coisas.
- Não compreendem a si próprios.
- Com dificuldades de expressão, podem surpreender pela calma, passividade ou autodomínio racional.

4. Intuição Extrovertida

- Têm grande capacidade de percepção e aprendem com facilidade.
- Estão sempre à espreita de novas oportunidades.
- Veem por meio da camada externa.
- Dão pouca atenção ao corpo, não percebendo quando estão cansados ou famintos.
- Sentem-se prisioneiros de situações estáveis.

8. Intuição Introvertida

- Dirigem-se para os conteúdos do inconsciente.
- Não se comunicam bem e são mal compreendidos.
- São confusos e desorganizados, esquecendo-se de compromissos.
- Têm vaga noção do seu próprio corpo físico.
- Tendem a se afastar da realidade.

Fonte: adaptado de Carvalho Jr. (2010) e Ochman (2009, pp. 40-43).

Ao se efetuar uma leitura atenta às principais características dos tipos jungianos (Quadro 2), pode-se verificar claramente que, no transcorrer de uma negociação, que alguns terão uma postura mais racional, enquanto outros, mais emocionais. Alguns negociadores serão mais objetivos, outros, subjetivos. Alguns mais organizados; outros, menos. E assim sucessivamente.

Neste contexto, Ochman (2009) reforça que negociações muito tensas, de gestos milimétricos e palavras estudadas, com momentos de ansiedade e irritabilidade podem ocorrer; diante disso, o autor recomenda uma postura serena e de autocontrole. Como se sabe, quando as partes se sentam para negociar é porque querem firmemente (ressalvados os respectivos interesses) que o negócio se concretize, por isso, afirma que aqueles que esbravejam e que se descontrolam, tornam-se um problema na evolução de uma negociação e devem ser contornados ou retirados da negociação, o autor conclui dizendo que "ninguém tem tempo a perder e a era dos bobos – capazes de engolir um jogo de cenas – já passou" (p. 70).

O escritor e orador norte-americano Dale Carnegie em seu clássico Como fazer amigos & influenciar pessoas (2003) que está em sua 51ª edição (lançado originalmente em 1937) afirma que uma pessoa que perde o controle e descarrega suas queixas pode ter algum prazer, todavia, indaga, se essas expressões hostis (ou agressivas) farão essa pessoa concordar com seu interlocutor.

A capacidade de gerir adequadamente as manifestações emocionais é um componente essencial da inteligência emocional, o que Casado Lumbreras (2009) define como "autocontrole emocional". Trata-se de uma opção de equilíbrio em que as emoções contraproducentes devem ser reduzidas ou inibidas, enquanto as emoções que trazem benefícios devem ser fomentadas e estimuladas.

> O autocontrole não significa restringir as emoções ou inibir as emoções negativas, mas sim expressar as emoções de modo adequado, sejam elas positivas ou negativas.

Os sentimentos negativos devem ser transmitidos de forma correta, sem ferir ou ofender os outros, por isso, as emoções negativas, como tristeza e frustração dentre outras, são inevitáveis, porém, isso não representa que não possam ser administradas quando se tornem contraproducentes.

Baker (2007) afirma que a persuasão e a capacidade de influenciar os outros são elementos fundamentais para os gerentes da atualidade, pois esse "processo de venda de ideias" consiste em dois vetores: ideias convincentes e apresentação dessas ideias de forma correta. Segundo o autor, a persuasão artística (Aristóteles) combina três aspectos internos da pessoa: caráter, lógica e paixão:

- Caráter (ou reputação) cria confiança que dará sustentação à argumentação.

- Lógica (ou pensamento racional) é a organização das ideias, podendo ser dedutiva (organização de ideias em sequência) ou indutiva (em formato de pirâmide).

- Paixão é o compromisso que o interlocutor empresta ao assunto (convicção).

Assim, pode-se sintetizar que uma pessoa ao negociar deve procurar ser sociável, serena, demonstrar equilíbrio (lembrando que irritabilidade ou perda de controle não faz a outra parte concordar), transmitir confiança, organizar suas ideias com base nas informações que dispõe e, por fim, mostrar convicção na sua argumentação.

3.5 Persuasão

De forma genérica, persuadir significa convencer alguém a acreditar ou aceitar uma ideia, ou mesmo, a realizar uma ação. É um processo de comunicação no qual se utiliza de argumentos, imagens, símbolos, exemplos e outros meios para convencer uma pessoa. Por exemplo, uma empresa antes de lançar um determinado produto efetua um estudo sobre o comportamento dos potenciais consumidores, incluindo: hábitos, atitudes, razões, percepções, perfis demográficos e psicográficos (psicológico e estilo de vida). Com base nos resultados obtidos das pesquisas realizadas, a empresa elabora um plano de ações de marketing com o objetivo de convencer seu potencial cliente a consumir o produto/serviço. (MALHOTRA, 2011).

Abreu (2009) segrega os conceitos que compõem a argumentação em "convencer" e "persuadir". Segundo o professor de linguística e língua portuguesa, convencer é saber utilizar a informação direcionando-a à razão da pessoa, demonstrando e provando. Por outro lado, persuadir é falar à emoção do outro. Assim, Abreu (2009) sintetiza os dois conceitos, afirmando que convencer é construir algo no campo das ideias, enquanto na persuasão a construção fica no terreno das emoções, ou seja, sensibilizar o outro para agir.

Convencer → informação → razão (campo das ideias)
Persuadir → emoção → sensibilização (para a ação)

O professor cita como exemplo um fumante que sabe que o cigarro faz mal à saúde (está convencido disso), mas não foi persuadido a parar de fumar. Há também a situação inversa, em que uma pessoa está persuadida, mas não convencida. Abreu (2009) cita o caso de um indivíduo que quer comprar um carro de luxo, e, mesmo tendo dinheiro para isso, hesita por julgar que se trata de mera vaidade. Nesse caso, segundo o autor, a pessoa precisa de um "empurrãozinho" racional (convencimento).

Quando a persuasão ocorre de modo coercitivo, por meio de poder formal estabelecido, ameaças, punições ou até mesmo de modo violento, pode-se chegar a limites extremos e configurar-se como assédio e crime. Em geral, a coerção é o modelo adotado por negociadores que privilegiam os resultados em detrimento dos relacionamentos, sendo duros e inflexíveis nas negociações. É o chamado "O Lutador", apresentado no item 2.2 "Foco no relacionamento ou nos resultados?". Por vezes, esse radicalismo pode levar à utilização técnicas pouco éticas (ataques pessoais, agressividade e ameaças). Esse modelo de Ganha-Perde transforma-se em Perde-Perde em médio ou longo prazo.

No ambiente de negociação em projetos, o processo de convencimento, em geral, ocorre pela argumentação racional e apresentação de justificativa/benefícios para o convencimento das partes envolvidas. Essa argumentação pode ser feita combinando-se: o modo verbal (pela explicação e debate), visual (documento escrito ou apresentação em reunião), experimental (em marketing, por exemplo, pode-se oferecer uma assinatura gratuita de um jornal ou revista por um determinado período de tempo) e/ou outras técnicas de persuasão.

Domingos (2009) no clássico Oportunidades Disfarçadas apresenta casos reais da história do surgimento de empresas, produtos e serviços tendo por base problemas, concorrência, erros e reclamações de clientes. Dos inúmeros casos relatados, pode-se selecionar um em que a persuasão e determinação de uma brasileira fez com que Bill Gates criasse uma das maiores agências de viagens *online* do mundo, a Expedia.

A brasileira Soraya Cuba Bittencourt que trabalhava na Microsoft de Redmond, no Estado de Washington, previu que um dos segmentos mais promissores do mercado *online* seria o turismo, considerando reserva de hotéis, compra de passagens aéreas, aluguel de veículos, etc. Isso em 1993, quando a Internet tinha uma penetração muito discreta. Ela queria conversar com Bill Gates, apresentar suas ideias, persuadi-lo, convencê-lo de que se tratava de um negócio promissor; entretanto, não tinha acesso a ele, que era cercado de assessores e seguranças (era o homem mais rico do mundo).

Domingos (2009) relata o processo de convencimento utilizado pela brasileira: aproveitando-se que estava trabalhando nas instalações da Microsoft em um final de semana, foi até o andar onde Gates trabalhava e observando que a porta estava encostada, entrou e deixou um CD sobre a mesa com um bilhete que dizia que ele se interessaria pelo conteúdo e que gostaria de apresentar suas ideias para que a Microsoft pudesse revolucionar a indústria do turismo. E assim ocorreu. Três anos após, em agosto de 1996 foi criada a Expedia, uma das maiores empresas de turismo do mundo, que hoje se intitula "o maior agente de viagens *online*, com tudo o que você precisa para satisfazer às suas necessidades de viagem".

> A argumentação pode ser feita combinando-se o modo verbal, visual, experimental e/ou outras técnicas de persuasão.

A persuasão em uma negociação contempla não somente uma série de argumentos e o conhecimento prévio dos participantes, mas também a forma de argumentar, a contextualização, a entonação, o encadeamento das ideias, a confirmação do entendimento das outras partes e a sensibilização dos benefícios apresentados.

Mello (2012) destaca que "saber ouvir" aumenta a capacidade de persuasão, pois ouvir é uma tática para extrair informações importantes e conhecer as necessidades, interesses e posição do outro lado. Quando o negociador escuta atentamente faz com que o outro lado se sinta valorizado e também fique propenso a ouvir os argumentos apresentados.

3.6 Estereótipos

Grosso modo, pode-se dizer que estereótipo representa um "pré-conceito", ou seja, um conceito pré-estabelecido sobre um determinado grupo social, como: nacionalidade, profissão, gênero, uso de determinado tipo de roupas, idade, religião ou mesmo quanto a um determinado comportamento.

Estereótipos são pressupostos que se generalizam sobre determinados grupos sociais, rotulando-os, em geral, com fundo preconceituoso e tendo por base inverdades. A palavra "estereótipo" vem do grego *stereos* e *typos*, representando "impressão sólida".

Segundo Coleman (2001), os sentimentos preconceituosos se formam na infância, enquanto as crenças para justificá-los surgem posteriormente. O autor afirma que é mais fácil lembrar-se de exemplos que reforçam os estereótipos, qualificando como exceções os exemplos que os desmentem. Menciona que um indivíduo inglês aberto e simpático, contraria o estereótipo de "fleumático", por isso é qualificado como "fora do padrão", "ponto fora da curva", ou ainda, é dito que "andou bebendo".

Torres e Neiva (2011) declaram a importância do estudo do tema na psicologia social, pois se insere no campo das relações de dominação, exploração, segregação e isolamento. Os autores afirmam que o estereótipo é a base do preconceito, sendo as crenças e atributos compartilhados sobre um grupo (generalizações). Destaca-se que os estereótipos apresentam diferentes intensidades e não são necessariamente negativos, podendo também ser positivos ou neutros.

Alguns exemplos de estereótipos: profissionais da área comercial não conhecem a área técnica, pessoas com mais de 60 anos têm dificuldades com as novas tecnologias, os homens são mais duros em uma negociação que as mulheres, os latinos não primam pela pontualidade, os ingleses são fleumáticos, os japoneses são bons em matemática, aqueles que seguem alguma religião são honestos.

> Deve-se entender que cada pessoa é única, com seu sistema de valores e personalidade, independentemente de nacionalidade, gênero, religião ou qualquer outro atributo. E isso também se aplica em negociações.

Inconscientemente, pode-se tentar "encaixar" o interlocutor da negociação em algum estereótipo, pois se terá a (falsa) sensação que os movimentos ocorrem em uma área conhecida. Em vez de rotular a outra parte de impontual, desatualizada ou imatura com base em estereótipos, recomenda-se que o profissional se muna de informações da empresa ou mesmo da pessoa para, muitas vezes, discutir amenidades e buscar algumas identificações comuns, deixando o clima mais favorável e mais amistoso para a negociação. Quando se fala em conhecer informações da pessoa, passa-se ao largo de questões íntimas; recomenda-se o uso de redes sociais profissionais (por exemplo, LinkedIn) para se conhecer a formação acadêmica, a trajetória profissional e saber em quais cidades o interlocutor já residiu.

CASO REAL

Em geral, acredita-se que se deva permanecer olhando atentamente para o interlocutor para realmente ouvir o que lhe está sendo dito. Esquecendo-se dos aspectos de educação e formalismo de conduta social, isso nem sempre é verdade. Há pessoas que ouvem com atenção o que o interlocutor fala, mesmo realizando outras atividades ou olhando para outros pontos que não os olhos do interlocutor. Em um projeto, em uma reunião do gerente negociando com um executivo de uma empresa produtora de eletrodomésticos, o gerente do projeto argumentava de forma eloquente as razões para obter uma extensão no prazo para término de um projeto com a qualidade esperada.

Durante os cinco minutos em que o gerente discursava, o executivo mantinha-se com os olhos fixos nos papéis que assinava de forma rápida e firme. Por duas vezes, levantou a cabeça e olhou rapidamente para os olhos do gerente, que após os cinco minutos se sentiu desprestigiado e incomodado; com isso, se silenciou. Foram alguns segundos que representaram minutos diante do desconforto da situação. O executivo então parou de assinar, soltou a caneta, levantou a cabeça e fixou seu olhar nos olhos do gerente do projeto. Em poucos segundos apresentou de forma concisa e precisa todos os argumentos apresentados anteriormente pelo gerente e, por conta própria, estabeleceu as prioridades dos argumentos, justificando-os. Acatou a extensão do prazo do projeto e disse que não se deve partir de pressupostos ou de generalizações de que para se ouvir é necessário o "olho no olho"; ademais, com um pouco de agressividade, considerou que não se pode projetar as próprias limitações pessoais nos outros.

PONTOS DE DESTAQUE

A habilidade do executivo diante de uma situação estereotipada pelo gerente do projeto, de que só se ouve quando se olha atentamente nos olhos do interlocutor. Embora uma situação simples, há casos de agravamento de estereótipos quando se generaliza com base em inverdades quanto à nacionalidade, gênero, religião, profissão ou outros atributos. De qualquer modo, no caso em questão, há de se registrar a postura deselegante do executivo.

3.7 Liderança, grupo e poder

A discussão é antiga sobre as características de um líder e de um gerente. A palavra "líder" que tem sua origem na língua inglesa *(leader)* e significa aquele que lidera, guia, comanda os outros, que tem influência ou poder. Um líder é aquele que dá o direcionamento à sua equipe, é visionário, vê o todo, por isso os líderes são considerados "essenciais". Por outro lado, um gerente coordena sua equipe, cuida do todo e dos detalhes, fazendo a coisa acontecer *(delivery)*, assim são qualificados como "necessários". Pode-se inferir que nem todo líder é um gerente, e nem todo gerente é um líder. Evidentemente, se um profissional reúne o conjunto de características de líder e gerente, então, torna-se um "gerente líder" ou "líder gerente", com altíssimo desempenho de suas equipes, em seus projetos e nos resultados alcançados.

Segundo Bateman e Snell (2009), a distinção entre gerentes e líderes é algo artificial, pejorativo para os gerentes; por isso, os autores fazem a distinção em "liderança estratégica" e "liderança de supervisão", definindo liderança estratégica como sendo o comportamento que dá propósito e significado às organizações, antecipando e criando um futuro positivo, enquanto a liderança de supervisão é o comportamento que fornece orientação, apoio e *feedback* corretivo para as atividades diárias dos membros da equipe.

Lempereur, Colson e Duzert (2009, p. 7) mencionam mais de duas dezenas de qualidades de um líder, além da habilidade de negociação: espírito construtivo, cooperação, abordagem integrativa, imaginação e criatividade, sutileza, firmeza, humildade e espírito de serviço, inteligência emocional e social, empatia e assertividade, calma e paciência na busca de legitimidade, compartilhamento do poder, transparência máxima, aceitação do processo de tomada de decisões, busca pela solução consensual, responsabilidade e credibilidade pelas decisões tomadas.

A liderança, estratégica ou de supervisão, envolve habilidades de negociação na resolução de conflitos, acordos, melhoria do clima interno e externo à organização. Lempereur, Colson e Duzert (2009) destacam que negociação se aprende, pois não é algo inato, tampouco uma ciência que pode ser aprendida pela memorização, pois combina várias disciplinas: sociologia das organizações, história, ciência política, estratégia, teoria dos jogos (probabilidades), ciências de gerenciamento e psicologia. Assim, além do conhecimento dos métodos e teorias adquiridos pela leitura e treinamento, há também o lado prático, ou seja, as aplicações (testes reais) somente podem ser feitas por meio da experimentação e da vivência.

> Um gerente de projetos bem-sucedido é simultaneamente um líder, um gerente e um membro da própria equipe.

De acordo com Manuel Dasí e Martínez-Vilanova Martínez (2009), o líder consegue obter "uma resposta" dos demais, esclarecendo que a liderança é obtida por meio de qualidades pessoais, como capacidade de organizar, tomar decisões ou obter a confiança dos outros. Há casos, segundo os autores, que a liderança é obtida por conhecimentos específicos ou pelos recursos que dispõe. Os estilos mais frequentes de líderes são: autoritário, passivo e participativo. Os bons líderes em uma negociação atendem a seu grupo, representam o papel de integrador de seus membros, fazendo que se sintam valorizados por participar do grupo.

Um exemplo mencionado por Manuel Dasí e Martínez-Vilanova Martínez (2009) é o caso de uma negociação com uma equipe formada por profissionais de diferentes níveis em um organograma, por exemplo, um diretor e um especialista. Embora o diretor seja a pessoa investida com maior autoridade para tomar decisões e seja também o profissional mais experiente, como se trata da um tema com viés técnico, o autêntico decisor será o especialista – provavelmente mais jovem e de posição hierárquica mais baixa que o diretor.

Para ser um líder do grupo, o profissional deve possuir qualidades apreciadas pelo grupo, como carisma, capacidade organizativa ou intelectual, capacidade de prever e ter "sentido de equipe", por isso, diz-se que liderar é também uma atitude.

Quanto ao poder, Mello (2012) qualifica-o como sendo "neutro", diferentemente do que muitos acreditam. Poder não é algo bom ou ruim; moral ou imoral; ético ou antiético. Tudo depende do que se faz com o poder que se tem. No exemplo citado pelo autor, a pessoa com uma faca pode utilizá-la para cozinhar (bom uso) ou para ferir alguém (mau uso).

Duas características do poder em uma negociação são instabilidade (o poder pode mudar de mãos durante o processo de negociação com base nos argumentos e informações apresentados) e percepção (as partes atribuem poder com base no que percebem como poder, seja real ou não). As origens do poder são de ordem pessoal (competência, motivação, persistência, vontade, compromisso e aparência) ou externa (risco, informação, tempo, competência e concorrência).

Quanto às fontes externas de poder, Mello (2012) esclarece:

- Risco – quanto maior a capacidade e a determinação para correr riscos, mais poder o negociador tem.

- Informação – trata-se da questão central na negociação; a estratégia define a forma de utilização da informação.

- Tempo – quando a negociação é afetada pelo fator tempo, a estrutura de poder (e as concessões) podem ser afetadas.

- Competência (da equipe) – uma equipe bem preparada (conhecimentos específicos complementares) e coesa tem poder para encontrar alternativas em uma negociação, com firmeza e determinação.
- Concorrência – poder sobre objetos de disputa que sejam escassos.

Assim, a liderança em uma negociação é decorrente da capacidade de integrar a equipe, de saber ouvir, analisar, ponderar e decidir, com maior ou menor poder frente a outra parte, seja esse poder obtido por fontes pessoais ou por meio de fontes externas, em geral, obtidas pelas estratégias de negociação, desde que respeitadas as questões morais e éticas.

3.8 Aceitação e aspectos culturais

O professor e negociador internacional José Carlos Martins F. de Mello em sua obra Negociação baseada em estratégia apresenta uma matriz de estratégia de negociação tendo como base duas forças: (1) obter ganhos financeiros, representando diretamente o grau de conflito que se pretende assumir na negociação, e (2) a importância atribuída ao relacionamento futuro. Com base em intensidades "baixa" e "alta" dessas forças, tem-se as situações apresentadas no Quadro 3, que é similar ao apresentado no item 2.2 "Foco no relacionamento ou nos resultados?", em que os Estilos de Negociadores de Herk, Thompson, Thomas e Kilmann (2011) foram apresentados.

QUADRO 3 – Matriz da Estratégia Situacional de Mello

Grau de conflito que se pretende assumir	Importância do relacionamento futuro	Estratégia
Baixo	Baixa	Indiferença
Baixo	Alta	Relacionamento
Alto	Baixa	Competição
Alto	Alta	Cooperação

Fonte: adaptado de Mello (2012).

O exemplo apresentado por Mello (2012) quanto à venda de um veículo usado pode ter estratégias distintas. Se a venda for para uma concessionária, a pessoa terá como estratégia a "Competição" (alto interesse em obter ganhos financeiros, assumindo alto grau de conflito na negociação). Por outro lado, se a venda do veículo for para um amigo, a pessoa terá como estratégia a "Cooperação", pois pretende obter ganhos financeiros, preservando a relação de amizade. Outra estratégia seria "Relacionamento" no caso de venda do veículo ao irmão recém-formado, pois o interesse em obter ganhos financeiros seria baixo, porém, com elevado interesse em manter a relação. Dessa maneira, pode-se chamar a matriz de "situacional", pois é dinâmica em cada negociação e não uma característica do negociador.

A negociação baseada na "Cooperação" representa manter os objetivos na negociação; entretanto, afastando-se do tradicional modelo de negociação competitiva, que tem por objetivo extrair o máximo de concessões da outra parte, mesmo que para isso sejam utilizadas além de táticas específicas, conflito e atritos.

Quando se fala em negociação em projetos, em geral, a estratégia mais usual é de "Cooperação", tendo como foco resultados e a preservação do relacionamento; por isso, o tema "aceitação" de questões comportamentais e culturais da outra parte precisam ser respeitadas, entendidas e acatadas.

Aceitar os valores de outros povos parece simples e fácil; todavia, isso não é real. A aceitação independentemente de origem, etnia, raça, crença, valores e religião é algo consciente e que exige reflexão, assimilação e atitude do negociador.

Quando se aborda hábitos e costumes de outros povos, isso se torna de mais fácil compreensão, ou seja, no mundo globalizado e nos projetos multipaíses as negociações internacionais estão presentes, não somente negociações no âmbito da própria organização, mas também com clientes e fornecedores de outros países. Essas negociações internacionais nem sempre são presenciais (a cada dia há mais alternativas tecnológicas para isso) e nem sempre são conduzidas em língua portuguesa. Na atualidade, os idiomas inglês e espanhol são os mais usuais nas negociações internacionais com brasileiros.

Os aspectos culturais precisam ser respeitados. É comum que as culturas distintas sejam qualificadas e rotuladas de estranhas e até de bizarras. Não há o conceito de "certo" ou "errado" nas culturas. Exemplos de características que devem ser respeitadas para negociações interculturais: nos Estados Unidos, por exemplo, não é usual o cumprimento entre homens e mulheres com beijo no rosto, os norte-americanos gostam de pontualidade, de serem chamados pelo sobrenome e não gostam de ouvir críticas sobre seu país. Na Argentina, as questões familiares são valorizadas, ou seja, perguntas sobre os membros da família e seu bem-estar são normalmente bem-vindas; outro aspecto no contexto de negociações com argentinos é quanto à interrupção durante a conversação, pois se trata de um comportamento normal e não é considerado como algo ofensivo ou desrespeitoso. No México, há dois pontos marcantes: quando se visita a residência de um associado de negócios não se deve abordar o tema de negócios, a menos que o associado o faça; e, respeito às origens, pois não se deve perguntar sobre questões de origem familiar (cidade natal, ou mesmo bairros), pois isso é considerado rude. Na França, são valorizados os aspectos de educação e cortesia nos encontros de negócios, devendo-se evitar perguntas pessoais, pois os franceses são extremamente reservados. (ANDRADE; LEITE; RIO, s/data).

Na China, a cortesia é essencial e perder a paciência em uma negociação é um erro grave. O chinês preza pelo Princípio da Reciprocidade, que equivaleria a uma conta-corrente (presentes são retribuídos com presentes, convites com convites e favores com favores). Deve-se respeitar a simbologia e a superstição; por exemplo, ao presentear devem ser evitados relógios, cuja palavra lembra tristeza e luto. O ideograma que representa a palavra quatro *(shi)* é igual ao que representa a palavra morte. O número oito, em contrapartida, é muito recomendado, pois sugere prosperidade e evoca o infinito (a Olímpiada de Pequim teve a cerimônia oficial de abertura realizada no dia 8 de agosto de 2008 e iniciada às 8h08). O respeito à religião é imprescindível (muitos levam os ensinamentos religiosos para o mundo dos negócios) e as regras de etiqueta são muito diferentes; por exemplo, não arrotar à mesa após a refeição significa que a mesma não foi apreciada. (ANDRADE; LEITE; RIO, s/data).

As autoras destacam também as particularidades culturais para se fazer negócios na Índia , como a não utilização da mão esquerda que é destinada à higiene íntima. A formalidade com o indiano exige que se pergunte ao negociador indiano como deseja ser tratado, ou então, deve ser utilizado o título acadêmico ou profissional. O ritmo nos negócios é distinto, pois esperar um longo tempo para o início da reunião ou ter seguidas interrupções ao longo da mesma são situações de normalidade.

> A aceitação incondicional de origem, etnia, raça, crença, valores e religião é condição necessária para um negociador.

Não conhecer a história e a cultura de um país pode representar desrespeito a valores importantes para outros povos; além disso, demonstra falta de planejamento e preparo do negociador, com impacto direto nos resultados da negociação e nos relacionamentos. Todavia, o respeito e aceitação de diferentes origens, etnias, raças, crenças, valores e religiões não precisa estar a 8.000 ou 17.000 km de distância, pois está mais perto do que se parece – no mesmo país, cidade, ou até mesmo na mesma empresa.

CAPÍTULO 4

ETAPAS DA NEGOCIAÇÃO

Este capítulo apresenta de forma objetiva um processo completo de negociação que, por mais simples que seja, contará basicamente de três etapas distintas: antes, durante e depois. O importante é entender que uma boa negociação, assim como nos projetos, depende essencialmente de se ter definido uma estratégia e da elaboração de um bom planejamento. Quando se sabe exatamente qual é o objetivo e qual é o "caminho" a trilhar, observando-se os itens que compõem cada etapa, mais facilidade o gerente de projetos terá em chegar ao final das negociações com o que queria obter. A Figura 6 resume o processo de negociação que é apresentado neste capítulo: o antes, o durante e o depois da negociação.

FIGURA 6 – Etapas da Negociação

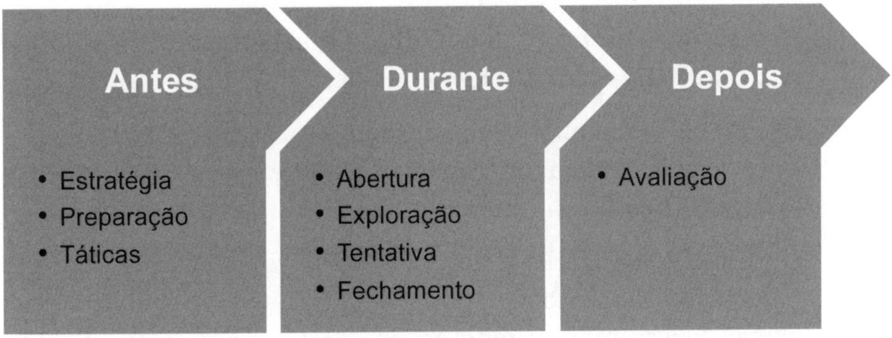

Antes	Durante	Depois
• Estratégia • Preparação • Táticas	• Abertura • Exploração • Tentativa • Fechamento	• Avaliação

Fonte: os autores.

4.1 Antes

4.1.1 Definição da estratégia

Antes de qualquer movimento de negociação com as partes é necessário o estabelecimento de uma estratégia clara de como se vai negociar. Ainda que o assunto seja corriqueiro, uma boa estratégia, mesmo que de modo informal, pode ajudar na obtenção de um acordo positivo. Quanto mais importante for a negociação, maior é a necessidade de se estabelecer uma estratégia. Quando esta etapa é negligenciada, corre-se o risco de parecer fraco e despreparado, colocando-se em posição de desvantagem perante as demais partes.

Nesta etapa deve-se buscar entender primeiramente quais são as metas, ou seja, o que se busca conseguir ao fim da negociação. As metas não são somente uma simples ferramenta de negociação a ser utilizada, pois se constituem na essência e na finalidade das negociações. Muito já se escreveu em relação ao estabelecimento de metas. Estudos mostram que fixar uma meta tem comprovadamente melhorado o desempenho nos resultados das negociações em 25%. (DIAMOND, 2012).

Quanto mais claras forem as metas, mais chances de prossegui-las e, portanto, maior a probabilidade de alcançá-las. Tudo o que se fizer em uma negociação deve buscar a aproximação do alcance das metas definidas. De outra maneira, as ações serão irrelevantes ou podem ser prejudiciais ao negociador.

A seguir, são destacados quatro pontos essenciais da estratégia:

- **Quais são as metas (o que se quer obter)?** Deve-se ter em mente a clareza de qual problema ou questão se quer resolver.

- **Quem deve ser envolvido e quem conduzirá a negociação?** Deve-se buscar aproximação daqueles que precisam estar envolvidos, definindo claramente os papéis e as responsabilidades.

- **Onde será realizada a negociação?** Este é um elemento que pode fazer diferença. Quando a negociação ocorre em território alheio, fica-se mais sujeito ao uso de táticas de intimidação e psicologicamente mais vulnerável pelo fato de estar em local desconhecido ou "fora de casa".

- **Quais informações são necessárias a respeito das outras partes e como serão obtidas?** Definir que informações devem estar disponíveis e como serão obtidas.

Com esses pontos bem delineados (metas, pessoas, local e informação), a negociação será conduzida com maior segurança e firmeza, consequentemente, aumentando a probabilidade de obtenção de bons resultados.

4.1.2 Planejamento e preparação

Ao negociar, assim como se faz para os projetos, é necessário que haja uma etapa de planejamento antes de partir para a execução (momento da negociação). É necessário saber com clareza quais os passos que precisam ser executados e quais informações são importantes para que estejam à disposição quando se fizer necessário. Se o negociador não estiver preparado ou se estiver mal preparado, e se em contrapartida as outras partes estiverem, parecerá pouco profissional e não demonstrará confiança.

Identificação das partes interessadas

Conforme apresentado no Capítulo 2 – Dimensões da Negociação –, onde é apresentado o mapa de influência, há três níveis de partes interessadas e que podem ser afetadas pelos resultados da negociação: o primeiro nível é constituído por pessoas envolvidas diretamente na negociação; o segundo, por pessoas que influenciam ou têm interesse no resultado; e o terceiro nível são as influências externas de ordem econômica, social, política e/ou tecnológica. Sendo assim, deve-se realizar o levantamento das partes de cada lado: "o nosso" e o "deles". Esse levantamento pode incluir: clientes, amigos, família, superiores imediatos, fornecedores, etc. Para auxiliar no entendimento de qual estratégia adotar para cada parte interessada, pode-se utilizar, por exemplo, um modelo classificatório de Poder *versus* Influência, conforme apresentado na Figura 7.

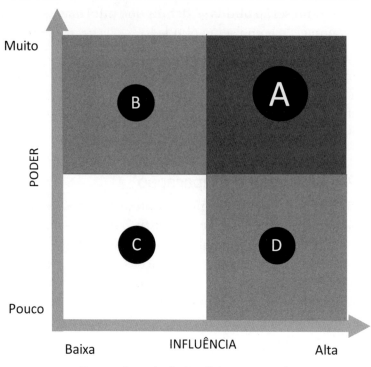

FIGURA 7 – Modelo classificatório de Poder x Influência

Fonte: adaptado de PMI® (2013, p. 397).

De acordo com a classificação apresentada no modelo da Figura 7, nota-se a necessidade de se traçar uma abordagem específica, principalmente para a parte interessada qualificada no quadrante "A", uma vez que possui muito poder e alta influência. A parte interessada situada no quadrante "D" exige atenção, pois embora tenha pouco poder, pode influenciar na negociação, ou seja, pode se transformar em "formador de opinião" no processo decisório. A parte do quadrante "C" pode ser ignorada, uma vez que tem pouco poder e baixa influência.

O mapeamento das partes interessadas é de grande valia na definição da estratégia de negociação. Com o auxílio do Quadro 4 é possível listar as partes interessadas de ambas as partes e registrar informações relevantes dos interessados pelos resultados da negociação.

Quadro 4 – Registro de informações das partes interessadas

Pessoas ligadas ao negociador que podem se importar com o resultado	Pessoas ligadas às outras partes que podem se importar com o resultado
Superiores	Superiores
Amigos	Amigos
Clientes	Clientes
Família	Família
Fornecedores	Fornecedores
Empregados	Empregados
Outros	Outros

Fonte: os autores.

Esclarecendo os interesses

Investigar os interesses é fundamental para o processo de negociação, pois normalmente os interesses definem o problema e as possíveis soluções. O problema básico em uma negociação não é o conflito de posições, mas de necessidades, desejos, preocupações e temores. (FISHER; URY, 2014). Para esclarecer os interesses, torna-se importante identificar esses aspectos, observando-se cada um deles nas partes interessadas que foram anteriormente identificadas. Esse processo de esclarecimento tem como principal objetivo delinear os interesses básicos para que não sejam confundidos com as posições. A posição define o que se quer, enquanto os interesses definem do que as partes realmente precisam.

Uma forma de entender a diferença entre posições e interesses é por meio do clássico exemplo das duas irmãs que brigavam por uma laranja, já citado no item 2.2 "Foco no relacionamento ou nos resultados?", quando se menciona o objetivo ganha-ganha. Ambas queriam a laranja e por isso tiveram uma discussão, até que finalmente cortaram a laranja pela metade. Uma das irmãs descascou a sua metade e usou a casca para fazer uma torta. A outra descascou sua metade e comeu a fruta. Afinal terminaram uma com meia casca e a outra com meia laranja. Mas se, em vez de terem dado prioridade à laranja, tivessem investigado a respeito de seus interesses (cozinhar ou comer), teriam terminado com uma casca inteira para uma e com uma fruta inteira para a outra. É isso o que se faz muitas vezes ao negociar, termina-se dividindo a laranja e fica-se com menos do que poderia ter sido obtido.

Pode parecer desnecessário, mas registrando-se os principais interesses de cada uma das partes interessadas fica evidenciado o que cada parte pretende e deseja. A visualização dos registros possibilita facilmente identificar interesses conflitantes e interesses complementares. Um modelo para se efetuar estes registros é apresentado no Quadro 5.

QUADRO 5 – Identificação dos interesses

Principais interesses do negociador	Principais interesses das outras partes
Pessoais:	Pessoais:
Profissionais:	Profissionais:

Fonte: os autores.

Estar bem preparado para uma negociação é conhecer as partes interessadas, seu grau de poder e de influência, seus interesses, e também, saber quem se importa com os resultados da negociação.

4.1.3 Escolha das táticas e papéis

Com a definição da estratégia, com metas claras e os interesses de cada uma das partes analisados, é necessário definir quais as táticas e os papéis de cada participante na negociação. Neste momento, é necessário entender que não há um roteiro perfeito, onde serão abordados todos os cenários possíveis de negociação. Quando se está à frente de uma negociação, cabe ressaltar que as variáveis são inúmeras e a habilidade do negociador em adaptar-se a cada situação faz a diferença, valendo um improviso ou uma mudança repentina de tática, de acordo com o desenrolar da negociação. Como a negociação é um processo interativo, as ações, comportamentos, declarações e argumentos podem influenciar as outras partes a reagirem de forma inesperada para as quais não se planejou. Contudo, é provável que se tenha maior êxito se a maioria das possibilidades foi pensada antecipadamente e quais são as alternativas para cada caso.

No sentido de se alcançar as metas e como parte de uma definição tática, é necessário elaborar um plano de concessões. Para tanto, como meio de aumentar a influência, o negociador deve ter em mente sua MACNA – Melhor Alternativa em Caso de Não Acordo, citada no item 2.1 "O que eu e o que eles sabem?". Quanto mais forte for a MACNA, menos concessões serão necessárias e vice-versa. O objetivo principal de conhecer a MACNA é de mitigar o risco de o negociador aceitar um acordo excessivamente desfavorável ou de rejeitar uma proposta que caberia em suas metas. Por exemplo, negociar o preço de compra de um equipamento para o projeto com um determinado fornecedor, sabendo-se que há um concorrente com preço menor e produto similar. Caso não se chegue a um acordo de preço com esse fornecedor, há a alternativa de se comprar do seu concorrente. Nesse caso, tem-se uma MACNA forte. Normalmente a MACNA é uma informação que não se revela às outras partes, porém, cabe ao negociador revelá-la ou não, dependendo da situação. De qualquer modo, sempre que houver a necessidade de se realizar concessões, é importante planejar-se para solicitar contrapartidas, pois não se deve conceder sem receber algo em troca, ou seja, de "boa vontade". Negociadores inexperientes fazem concessões sem pedir nada em troca, por não saber o que fazer, por estar desconfortável com a situação ou querer que negociação acabe logo. Isso na verdade só faz com que as outras partes se fortaleçam e sejam motivadas a pedir ainda mais concessões.

Outro ponto a considerar é o entendimento de que as outras partes também têm suas MACNAs. Quanto mais se sabe das alternativas delas, mais bem preparado o negociador estará e maiores serão suas chances de negociar bem. Quando ambas as partes possuem MACNAs fortes, menores são as chances de se fechar um acordo.

Adicionalmente, é interessante ter planejado qual seria o mínimo aceitável para o fechamento do acordo, ou seja, saber qual é a faixa de negociação. Quanto maior for a distância entre a meta e o mínimo, maiores serão as possibilidades. Com essa faixa planejada, o negociador terá mais confiança para propor opções, aceitar ou desistir, caso as condições apresentadas não atinjam o mínimo desejado. No entanto, vale lembrar que, ao fixar uma "margem de negociação", o negociador limita-se e pode não ficar aberto a aceitar ofertas da outra parte, afastando-o de suas metas. O importante é saber da faixa, manter-se flexível diante das alternativas, principalmente as inesperadas, que podem ser propostas.

Uma boa forma de facilitar o processo tático é elaborar uma árvore de decisão, ilustrada na Figura 8, e entender quais caminhos podem ser escolhidos, usando um sistema comparativo simples.

FIGURA 8 – Mapa de decisão tática

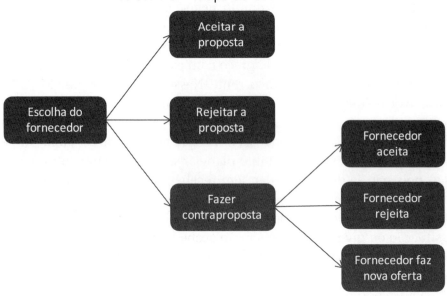

Fonte: os autores.

Há também que se considerar que as outras partes podem fazer uso de táticas sujas ou até mesmo técnicas de intimidação para conseguir o que querem. No item 2.5.5 "Táticas e contratáticas" são descritas algumas situações que podem ser usadas no momento da negociação. O negociador precisa ao menos conhecê-las para que tenha sempre em mente o que fazer ao se deparar com situações similares. É possível usufruir de algumas dessas táticas e contratáticas, desde que não rompa a barreira da ética na negociação.

Durante esta etapa, também é necessário definir os "atores" da negociação. Para tanto, são definidos os papéis: quem fala o quê, quando, como vai dizer e em que ordem. Vale inclusive ensaiar para ganhar mais confiança e descobrir possíveis problemas e dificuldades que possam surgir. Deve-se tomar o cuidado de não envolver um número excessivo de integrantes na negociação, sob o risco de torná-la complicada demais no momento de conduzi-la. Quanto maior for a quantidade de participantes, maior será o risco de alguém falar o que não devia ou de gerar contradição.

4.2 Durante

4.2.1 Abertura e apresentação

A abertura é o momento-chave em uma negociação, pois é quando ocorre o primeiro contato e inicia-se a integração para a criação do relacionamento. O foco então está na criação do ambiente de modo a criar um clima favorável e construtivo, tornando todos mais receptivos. Quando da abertura, a atenção deve estar voltada a estabelecer relações de confiança, mostrando entusiasmo, colaboração e compreensão para então estabelecer vínculos e buscar a cooperação das partes. Iniciar as rodadas de negociação indo direto ao assunto pode não favorecer o clima e endurecer as relações, deixando os outros menos receptivos e o ambiente mais hostil.

Existem algumas técnicas que podem ser empregadas, que negociadores habilidosos utilizam com frequência para estabelecer vínculos, chamadas de técnicas de *rapport,* palavra de origem francesa, sem tradução para o português, que usualmente significa o ato de criar empatia com o outro, estabelecendo uma conexão harmônica e de confiança. Quando o outro se sente em uma relação confiável fica mais à vontade, passa a aceitar mais facilmente as ideias, as reações comportamentais são mais amigáveis, a argumentação é ouvida com atenção. Existem alguns elementos essenciais do *rapport* que, apesar de simples, precisam ser empregados com naturalidade e espontaneidade – negociadores experientes sabem exatamente quando alguém está fingindo e, portanto, o uso desses elementos não pode ser um processo mecânico e premeditado, há que se praticar para criar o hábito. Vejamos nove atitudes que ajudam a criar vínculo:

1. **Chamar o outro pelo nome.** O nome é algo muito valioso para todos. Quando alguém é chamado pelo nome, sente-se especial, importante. Segundo Carnegie (2003), o nome de um homem é, para ele, o som mais doce e mais importante que existe.

2. **Estar otimista.** Normalmente, negativismo e reclamações não trazem aliados. Mostrar otimismo e postura positiva é uma forma de aproximação.

3. **Sorrir.** O sorriso é contagiante. Sorrir torna o ambiente mais leve, agradável e mais favorável à negociação.

4. **Buscar afinidades.** Há uma tendência a aceitar mais facilmente os argumentos em uma negociação de indivíduos que se conhecem e que se gostem. Há uma maior afinidade com semelhantes, seja a respeito de opiniões, traços de personalidade, antecedentes ou estilo de vida. (CIALDINI, 2012). Sabendo-se disso, é útil buscar entender quais são os aspectos em comum e explorá-los a favor de conseguir abertura e criar vínculos.

5. **Cuidar da aparência.** Estudos mostram que estar mais parecido fisicamente com quem se relacionará produz um efeito de maior aceitação. Ao negociar com um público do ramo financeiro, por exemplo, o uso de terno se torna praticamente obrigatório, já que esse tipo de vestimenta faz parte da cultura desse segmento. Já com um público mais informal, por exemplo, a área de varejo, o uso de terno poderia transmitir um ar de arrogância ou

de superioridade e, portanto, causar um distanciamento logo na abertura da negociação.

6. **Cuidar da apresentação pessoal.** Independentemente do modo de vestir (formal ou informal), a falta de asseio pessoal também pode causar afastamento. São detalhes dos quais às vezes se descuida e, portanto, precisam de atenção, tais como cabelo, unhas, alinhamento, sapatos engraxados, dentre outros.

7. **Fazer elogios.** Uma atitude que também pode produzir efeitos e aproximar é o ato de elogiar. Contudo, vale reforçar que os elogios devem ser naturais, sinceros e genuínos. Um elogio forçado, exagerado ou sem sentido pode parecer uma tentativa de manipulação, transparecendo falsidade.

8. **Pesquisar sobre cultura e hábitos.** É importante lembrar-se de que, quando se negocia com pessoas de países ou regiões diferentes, é recomendada a realização de pesquisas sobre a cultura local e seus hábitos, inclusive, símbolos e gestos. Por exemplo, a expressão de "ok" feita com os dedos na cultura norte-americana representa algo positivo e na brasileira, uma agressão. Uma gafe cultural pode comprometer toda a negociação.

9. **Espelhar o comportamento.** Uma forma de obter aceitação de forma inconsciente é espelhar o comportamento verbal e não verbal, ajustando o próprio comportamento com o do interlocutor. Isso se torna uma espécie de comando que diz ao outro "pode confiar em mim, sou parecido com você". Por exemplo: sentar-se da mesma maneira; expressões faciais semelhantes; mesma entonação e velocidade da voz e uso do mesmo vocabulário (mais ou menos informal). De qualquer modo, é necessário cuidado com isso. Essa técnica deve ser usada com muita discrição, elegância e sutiliza, caso contrário pode parecer um jogo de imitação e acabar irritando a outra pessoa.

Com o emprego dessas técnicas e um bom desenvolvimento da capacidade de relacionamento o negociador conseguirá criar um clima de maior confiança e cooperação, pois fica mais fácil as partes dizerem "sim" a um acordo quando estão com pessoas que confiam e com as quais possuem afinidade.

4.2.2 Exploração

A exploração é o momento de coletar mais informações, visando complementar a compreensão da situação de maneira que as etapas posteriores possam se desenvolver. Deve-se focar em entender melhor o tema que está sendo negociado, confirmar os problemas das demais partes, os objetivos e os benefícios que querem alcançar. Durante esta etapa, a habilidade de comunicação é essencial, destacando-se a capacidade de se estar aberto a questionamentos e a ouvir empaticamente as outras partes (colocar-se no lugar delas). Há uma tendência a se observar apenas aquilo que convém, sem buscar entender as outras partes. Neste estágio da negociação, a ideia é primeiramente compreender, para então argumentar e ser compreendido. Há algumas informações importantes que podem ser buscadas durante a exploração:

- **Fatos desconhecidos**: fazer perguntas que procurem revelar informações de que ainda não se conhece. Por exemplo, uma situação em que uma parte interessada quer que o projeto seja entregue com antecipação de um mês, mas não foram revelados os motivos. Investigar para entender a motivação da antecipação é importante no sentido de buscar opções e colaborar na busca por soluções que atendam à necessidade.

- **Fatos conhecidos:** confirmar se as informações que se têm continuam válidas e, portanto, podem ser consideradas na negociação.

- **Confirmação de interesses:** buscar entender se os interesses em comum são válidos, considerando que, mesmo em posições contrárias, há interesses comuns e compatíveis, além dos divergentes. Por exemplo, ao negociar com um fornecedor o aumento de escopo do projeto, o fornecedor possivelmente está interessando em que o projeto obtenha sucesso, mas também em maximizar seu lucro; em contrapartida, o gerente do projeto está interessado em provocar o mínimo impacto no orçamento.

Para buscar a real compreensão do cenário é necessário formular bem as perguntas, fazendo questionamentos focados no que realmente ajudará na negociação. Fazer perguntas (e ouvir as respostas com atenção) é uma maneira eficaz de buscar os entendimentos e interpretar os interesses das demais partes. Para tanto, é necessário ter o cuidado de realizar questionamentos abertos e evitar perguntas fechadas que produzem respostas monossilábicas, do tipo "sim" ou "não". Por exemplo, se for perguntado ao interlocutor: "Você tem algum profissional disponível que possa ceder ao projeto?". Neste caso, a resposta poderia ser "sim" ou "não". Mas se for perguntado de forma ampla: "O projeto necessita de uma pessoa com a experiência de profissionais da sua área. Assim, como você poderia nos ajudar?". Então, a resposta teria de ser formulada de acordo com a pergunta.

À medida que as respostas são dadas é importante prestar atenção ao interlocutor, principalmente à comunicação não verbal. Pesquisas revelam que a comunicação verbal corresponde a pouco mais do que 8% do significado da mensagem, 37% da mensagem é expressa pela tonalidade e entonação da voz e 55% por comportamento, expressões faciais e manifestações corporais, como ilustrado na Figura 9.

FIGURA 9 – Impacto da linguagem não verbal nas comunicações

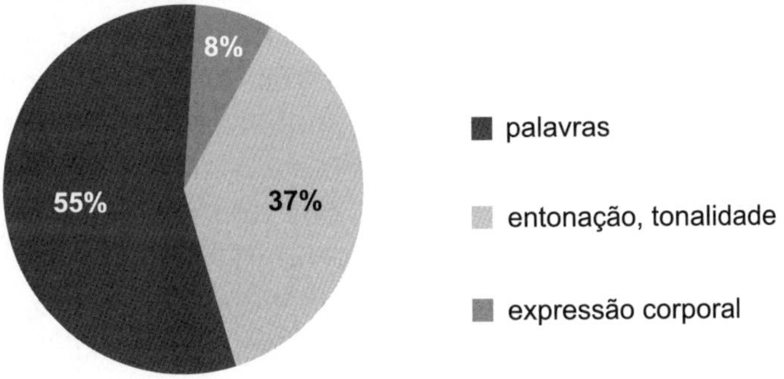

Fonte: construída a partir de Harvard Business School Press (2004).

Na etapa da exploração é quando, normalmente, as emoções se afloram mais, pois é o momento em que se iniciam os entendimentos e as discussões acerca do problema ou objeto da negociação. É natural que as partes estejam sensíveis, temerosas, zangadas, preocupadas, cautelosas e até mesmo rancorosas quando estão submetidas a um processo de negociação, principalmente quando se tem muito valor em jogo (não necessariamente financeiro). Particularmente em uma negociação onde há disputas, sentimentos negativos ou experiências anteriores com os mesmos interlocutores de uma negociação que não teve boa finalização, as emoções ficarão ainda mais "à flor da pele", decorrentes de ressentimentos e rancores.

Negociadores experientes conseguem separar bem o objeto da negociação de sentimentos passados e buscam reconhecer e entender as próprias emoções e as emoções dos outros. Quando os ânimos se exaltam e o nervosismo se prolifera, a tendência é de atingir uma situação de impasse e não gerar resultados positivos para parte alguma. O negociador deve sempre buscar o controle emocional e evitar reagir às emoções negativas dos demais (insultos, provocações, ironia, acusações, etc.), mostrando equilíbrio e busca pela solução, não por ganhar uma disputa. Impulsividade em uma negociação pode trazer resultados negativos para a negociação, para o relacionamento e deixar péssimas heranças para as negociações futuras.

Deve-se entender que elevar o nível emocional em uma negociação pode trazer um distanciamento e colocar tudo a perder por mero orgulho – "não levar desaforo para casa" – podendo representar um distanciamento das metas planejadas na primeira etapa. Em conclusão, o autocontrole é essencial para que o negociador se aproxime de seus objetivos e não permita que as emoções dos demais contaminem seus próprios sentimentos. Isso não significa ter "sangue de barata" ou reagir com falsidade, rindo quando se está sentindo raiva, por exemplo, mas sim registrando os motivos dos sentimentos e controlando as reações aos mesmos. Um bom gerente de projetos não pode ser dominado pela emoção. Precisa respirar, entender a situação e reagir assertivamente, de forma mais racional que emocional. Ter autocontrole é ser inteligente.

4.2.3 Tentativa do acordo

Após a criação do vínculo na abertura, da exploração do objeto da negociação com o entendimento claro de quais são os interesses, conhecimento dos estilos e motivações, torna-se o momento da apresentação de uma proposta. Se as outras partes se anteciparem ou desejarem apresentar primeiro suas propostas, isso normalmente deixa o negociador em vantagem, pois dá a oportunidade de identificar as bases da negociação, ou seja, já se estabelece uma expectativa em relação ao que as outras partes querem. Isso possibilita que o negociador fique em posição de decidir primeiro: se aceita, rejeita, barganha ou faz uma contraproposta. Fica mais fácil pedir concessões ou realizar uma contraproposta quando a proposta provém primeiramente da outra parte. Outro caminho é de tomar a frente e buscar o acordo, já fazendo a primeira proposta. O risco de se fazer a proposta antes dos demais é se estabelecer um patamar baixo ou alto demais, o qual a outra parte pode aceitar ou rejeitar imediatamente, entendendo que o acordo é muito vantajoso ou totalmente absurdo. Na maioria das vezes, as propostas e contrapropostas iniciais serão insuficientes para se chegar a um acordo final. É bem provável que ainda haverá a necessidade de se fazer adaptações nas propostas para então se chegar um fechamento definitivo.

Quando se percebe que é o momento, deve-se apresentar as ideias e argumentar mostrando que a proposta apresentada atende às expectativas e aos interesses das partes. É possível que as demais partes façam contrapropostas ou peçam que a proposta apresentada seja modificada. Neste instante, há que se avaliar as contrapropostas, se elas se encaixam nos limites esperados e se os próprios interesses serão atendidos.

Este pode ser um momento-chave da negociação quando nenhuma das propostas atende aos interesses mútuos e, portanto, instaura-se um impasse . Diante disso, deve-se procurar manter a mente aberta e buscar opções que sirvam aos objetivos dos negociadores, mesmo que haja a necessidade de realizar concessões. Normalmente o negociador inexperiente tende a ir por uma única trilha e não consegue adaptar sua proposta ao contexto apresentado e às novas informações que são colocadas à mesa de negociação inesperadamente. Conhecendo a MACNA (Melhor Alternativa em Caso de Não Acordo), uma das opções é declinar da negociação e buscar as demais alternativas, começando pela melhor delas. As diversas opções precisam ser exploradas, pois certamente há uma que atende aos interesses mútuos, esta pode não ser a que o gerente de projetos estava propondo e tampouco a que os demais estavam propondo, ou seja, uma terceira opção que não havia sido considerada inicialmente. Como resultado, pode ocorrer inúmeras iterações até se chegar a um acordo, entre propostas, contrapropostas, opções e adaptações, conforme ilustrado na Figura 10.

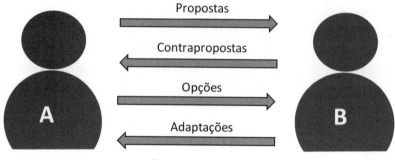

FIGURA 10 – Possíveis iterações entre dois negociadores

Fonte: os autores.

A capacidade de adaptação e adequação da proposta, com possibilidade de improvisos, é uma das habilidades mais evoluídas que um negociador pode ter. Vontade, criatividade, pensamento inovador, perspicácia, atitude e iniciativa são virtudes que contribuem para que as adequações sejam propostas de maneira a perseguir os objetivos da negociação. Durante a tentativa de acordo, o gerente de projetos precisa ser firme e não hesitar ao realizar a proposta, mantendo a segurança em suas palavras.

A tentativa de acordo é um processo de persuasão (sensibilizar para que haja aceitação) que precisa ser explorado para que se tenha efetividade nos resultados na negociação. O tema persuasão é apresentado no item 3.5 deste livro. Durante a tentativa de acordo, o gerente de projetos deve usar toda sua habilidade de influenciar e não se deixar influenciar; por isso, a capacidade de persuasão neste momento tem força significativa no sucesso das negociações. Há três objetivos básicos que precisam ser explorados na apresentação da proposta:

- Convencer as outras partes de que não irão conseguir mais do que está sendo oferecido.

- Procurar mudar o modo de pensar dos outros para que tenham uma percepção diferente e analisem a proposta sob outra perspectiva.

- Explicar às partes que estão obtendo um acordo vantajoso no qual os interesses estão sendo atendidos.

Durante um processo de negociação, ofertas são apresentadas e reapresentadas, novas demandas e questões surgem, fazendo com que em determinados momentos pareça-se próximo ao acordo final e em outros, distante, com discussão das novas questões que foram introduzidas. Em alguns momentos fica difícil entender "de onde" o interlocutor está partindo para realizar suas colocações e "aonde quer chegar" com seus argumentos, fazendo com que, muitas vezes, tudo volte à "estaca zero". Segundo Wheeler (2014), mesmo assim há uma ordem oculta no caos das negociações. É necessário que o negociador use de sua habilidade de se situar de forma consciente para entender onde o processo se encontra e ter agilidade para engajar as outras partes com eficiência. Não é raro que negociadores experientes se utilizem de "cortinas de fumaça" para instaurar o caos, confundir os interlocutores e causar embaraço nas decisões. Nessas situações, pode-se buscar o entendimento, retomando o controle da negociação e recapitulando os entendimentos para que haja um alinhamento claro entre as partes. Decidir e agir dão ao negociador a vantagem de estruturar suas ideias e as dos demais. (WHEELER, 2014).

4.2.4 Fechamento

Este é o momento da conclusão dos acordos. Vale lembrar que um bom acordo é aquele em que os interesses legítimos das partes sejam atendidos e que resulta num comprometimento formal e psicológico de cumpri-lo. Além da questão da manutenção do relacionamento, é importante "dividir o bolo" de forma coerente a fim de satisfazer as outras partes, pois se o negociador atua de forma a sempre ganhar a maior parte, provavelmente não conseguirá fazer muitas negociações, pois sua reputação estará prejudicada. Nesse sentido, é necessário identificar se o que está sendo proposto atenderá a esses interesses, verificando-se os sinais de satisfação, observando inclusive o comportamento não verbal. Quando se percebe que há satisfação com o que foi proposto é o momento de realizar o fechamento do acordo, levando em consideração tudo o que foi negociado, realizando uma revisão retrospectiva do problema, de como será tratado, quais foram os entendimentos, quais as responsabilidades de cada uma das partes e se estão todos de acordo. O mais importante é deixar claros quais são os compromissos assumidos e como cada parte cumprirá com os seus, não deixando dúvidas da capacidade e disposição em honrar com o que foi prometido.

Mesmo que as partes já tenham aceitado os termos, ainda pode haver discussões ao final, com argumentações que não foram colocadas e que podem ser relevantes para o fechamento. Algumas táticas podem ser empregadas neste momento, pois colocam "ingredientes" ao final, propositadamente, com o objetivo de se conseguir um benefício extra quando o acordo já está praticamente fechado. O interlocutor pode alegar que o acordo é viável, mas precisa "consultar seu superior", ou pede uma concessão adicional como condição para fechar o acordo final. De acordo com Wheeler (2014) é lamentável que ainda haja quem se apoie nesse tipo de recursos antigos, mas destaca também que se trata de uma vergonha não se estar preparado para esse tipo de tática. Acrescenta ainda que, idealmente, deve-se confirmar no começo que a negociação ocorrerá com a pessoa certa: alguém que pode estabelecer um compromisso e, quando isso não é possível, deve-se ter uma alternativa para a qual se possa apelar para fechar o acordo.

Há também situações em que, mesmo em negociações corriqueiras, possa haver muita emoção carregada e no fechamento ocorra uma explosão de última hora. Entre propostas e contrapropostas, concessões e barganha as coisas podem ir "esquentando" durante a negociação, em função da pressão construída ao longo do processo. Caso na última hora seja solicitada uma concessão adicional, isso pode representar uma "gota d'água" para que a paciência se esgote e a outra parte desista furiosamente do acordo. Portanto, há que se fazer a leitura da situação e avaliar se o pedido final é realmente necessário. Se a reação for emocional, deve-se analisar se não é parte de um estratagema de barganha, uma espécie de "representação teatral" a fim de a outra parte conseguir a concessão pretendida.

Quando as partes estiverem finalmente acordadas com os termos e o "aperto de mão" for dado, é importante não se mostrar triunfante, pois isso pode criar ressentimento e dar a impressão de que houve uma "vitória" e uma "derrota" naquele instante. Evitar falar muito neste momento pode ser a melhor opção, pois quanto mais se fala e "canta vitória" mais se cria sentimentos negativos nos outros e pode dar margem para que haja uma possível desistência em função do sentimento de arrependimento.

Mesmo com o acordo fechado e os compromissos assumidos, a negociação ainda não chegou ao fim. Há casos em que as cláusulas contratuais impactam os acordos estabelecidos entre as partes, muitas vezes decorrentes de particularidades não abordadas na negociação ou até mesmo, detalhes de semântica.

A etapa posterior é validar/verificar se o que foi definido está sendo cumprido e por isso há que se fazer uma avaliação contínua.

4.3 Depois

4.3.1 Avaliação

Esta é a etapa do processo em que a negociação realmente se encerra. Se houve um acordo, pressupõe-se que será cumprido, porém, nem sempre é assim. Após os acordos terem sido firmados, as partes precisam colocar em prática o que foi combinado, verificar se o previsto está de fato sendo cumprido e se os objetivos foram atingidos. Em caso de descumprimento do acordo, há que serem tomadas providências, seja administrativa, legal ou até mesmo uma nova negociação. O gerente de projetos precisa acompanhar a execução das atividades previstas, validando se as entregas estão sendo realizadas de acordo com o combinado, buscando realizar ações corretivas, se aplicáveis.

Por maior que seja a confiança existente entre as partes, torna-se necessário monitorar se o que foi acordado está sendo executado, por meio de pontos de verificação, garantindo a evolução do acordo. Deixar para verificar o cumprimento somente no prazo final pode trazer consequências irreparáveis ao projeto, sobretudo, no tocante a prazos. Por exemplo, uma situação em que foi negociado um prazo de entrega de um equipamento essencial para o projeto e planejado um conjunto de atividades críticas imediatamente após seu recebimento, qualquer atraso implicará em adiamento do conjunto de atividades planejadas, com prováveis problemas na alocação dos profissionais designados para sua execução.

Por se tratar de projetos, em que as variáveis de prazo, custo e qualidade são essenciais para o sucesso, é necessário que esse acompanhamento seja realizado tempestivamente a fim de garantir os acordos e manter o projeto sob controle. É comum ocorrerem desvios, mas há necessidade de se efetuar a análise das causas do descumprimento para que as ações corretivas sejam disparadas de forma a amenizar o impacto para o projeto. É necessário conversar com os responsáveis para buscar soluções e evitar que medidas mais rigorosas sejam tomadas, como: escalar o assunto aos superiores, desmobilizar o pessoal da equipe ou até mesmo acionar juridicamente a outra parte por quebra de acordo. Ressalta-se que aqui se discute a melhor opção para resgatar os entendimentos da negociação, embora os procedimentos administrativos e legais devam ser considerados de acordo com a situação.

CAPÍTULO 5

NEGOCIAÇÃO EM PROJETOS

As negociações nos projetos são corriqueiras no dia a dia do gerente de projetos. As negociações envolvem todas as partes interessadas no projeto e não somente o cliente (interno ou externo) e patrocinador como muitos pensam. As negociações envolvem também fornecedores, a equipe do projeto e, muitas vezes, áreas internas da organização, como Jurídico, Compras, Financeiro, dentre outras.

De modo análogo, sabe-se que as negociações predominantes são por prazos e recursos (humanos e financeiros); todavia, as negociações abrangem elementos importantes em um projeto, como: escopo do projeto (esforço), escopo do produto/serviço (funcionalidades e características do que será gerado pelo projeto), requisitos de qualidade, alocações e substituições, concessões, alvarás, empréstimos, condições comerciais, de entrega, de vistoria, adiamentos, transferências, etc.

No início deste capítulo são respondidas as questões: "O que se negocia em projetos? E com quem?". Em seguida, a discussão se faz por parte interessada no projeto (patrocinador, cliente interno, fornecedor, parceiros, equipe do projeto e áreas internas da organização), quando são detalhadas e exemplificadas por meio de casos reais de negociações. Optou-se pela abordagem "por parte interessada" a fim de evidenciar algumas particularidades existentes nas negociações com diferentes atores. Seguem-se aos casos reais apresentados, os "pontos de destaque" para facilitar a compreensão e ressaltar aquilo que se tornou mais expressivo na negociação.

5.1 O que se negocia em projetos? E com quem?

Quando se fala em negociar, a primeira coisa que vem à mente é algo de valor monetário, ou seja, dinheiro. Isso é decorrente da associação imediata que se faz de "valor" com reais, dólares ou euros. Por exemplo, negociar o preço de um bem, negociar um desconto, um parcelamento ou uma condição financeira específica que traz algum benefício para as partes.

Negociar vai além de cifrões, notas e moedas. Pode-se negociar prazos, recursos, itens de qualidade de um produto ou serviço, enfim vivemos negociando o tempo todo. Em projetos, isso não é muito diferente. Um gerente negocia com os *stakeholders* (partes interessadas) do projeto e muitas vezes com sua família, quando tem necessidade de trabalhar nos finais de semana ou realizar viagens permanecendo ausente do convívio familiar por alguns dias. No projeto, o gerente negocia com a equipe, com o patrocinador do projeto, com clientes, usuários, fornecedores, órgãos públicos, agências reguladoras e, por vezes, com a mídia.

Algumas possibilidades de negociação das diversas partes interessadas de um projeto são apresentadas no Quadro 6, sendo que na coluna "Com" constam os potenciais interlocutores, enquanto na coluna "De" são mostrados alguns exemplos de objeto de negociação.

QUADRO 6 – Possibilidades de negociação em projetos

Stakeholders (partes interessadas)	Negociação Com (interlocutores na negociação)	Negociação De (possíveis objetos de negociação)
Patrocinador (*sponsor*)	alta direção da organização, fornecedores, gerente do projeto, mídia, órgãos governamentais	estratégias, orçamento, preços, prazos, divulgação, concessões
Gerente de Projetos	patrocinador (*sponsor*), áreas da empresa (técnicas, compras, jurídico, financeiro, marketing, produção, estoques e outras), equipe do projeto, fornecedores, mídia, órgãos governamentais	requisitos de qualidade, recursos, alocações, substituições, contratações, demissões, prazos, preços, descontos, treinamentos
Equipe do Projeto	áreas da empresa (compras, jurídico, comercial, produção, estoques e outras), gerente do projeto, fornecedores, mídia, órgãos governamentais	recursos, alocações, prazos, preços, descontos
Fornecedores	patrocinador (*sponsor*), gerente do projeto, equipe do projeto, áreas da empresa (compras, financeiro e técnicas)	requisitos de qualidade, preços, prazos, descontos, condições de entrega, parcelamentos (valores e entregas), aceites, garantias
Clientes/Usuários	gerente do projeto, equipe do projeto	requisitos de qualidade, preços, prazos, descontos, condições de entrega, parcelamentos (valores e entregas), aceites, garantias
Órgãos governamentais, órgãos reguladores e ONGs	patrocinador (*sponsor*), gerente do projeto, equipe do projeto, áreas da empresa (jurídico e financeiro)	alvarás, concessões, prazos, requisitos de qualidade
Mídia	patrocinador (*sponsor*), gerente do projeto, equipe do projeto, áreas da empresa (marketing e jurídico)	divulgações, exclusividade, ineditismo

Fonte: os autores.

Embora alguns profissionais discordem, o *sponsor* do projeto (patrocinador) é aquele que quer que o projeto dê certo, é aquele que pagou, paga ou pagará pelo projeto, é quem assumiu responsabilidades pelos resultados que o projeto trará é, portanto, o aliado incondicional do gerente de projetos. Se o patrocinador faz cobranças acerca do progresso do projeto, se apresenta ideias, se discute alternativas, se fica nervoso e ansioso, isso representa que o patrocinador está comprometido com o projeto. E isso é excelente!

O gerente de projetos, que é o responsável pela comunicação do projeto, tem sob sua responsabilidade as negociações internas da organização (incluindo patrocinador do projeto, equipe do projeto, usuários e as áreas técnicas, compras, jurídico, financeiro, marketing, produção, estoques e outras) e externas, contemplando os clientes, fornecedores, parceiros do projeto, órgãos governamentais e mídia.

CASO REAL

Uma situação de negociação entre o gerente de projeto e o patrocinador ocorreu no transcorrer de um projeto da prefeitura de uma cidade do interior paulista, que tinha por objetivo a implantação de um sistema informatizado de integração da saúde em todos os postos de atendimento, propiciando um melhor atendimento à comunidade e uma significativa redução de custos em exames laboratoriais, exames de imagem e de distribuição de medicamentos, decorrentes do controle inerente a um sistema integrado.

O patrocinador do projeto (Secretário da Saúde) participava e se envolvia pouco com o projeto e nas reuniões executivas, com periodicidade mensal, tinha atuação discreta, pois convocava um verdadeiro batalhão de assessores e analistas para participar da reunião. Assim, nos pontos de decisão, o patrocinador ouvia os debates e as recomendações desses profissionais, e simplesmente endossava as decisões. Essas reuniões transformam-se nos únicos momentos para o patrocinador relembrar a existência do projeto e atualizar-se do seu progresso. O gerente de projetos, percebendo que a decisão era sempre de assessores e analistas, agendou uma reunião isolada com o patrocinador.

Nessa ocasião, explicou que as reuniões executivas estavam ficando longas, com debates de problemas já superados, com número excessivo de participantes, que nem sempre tinham uma visão gerencial do projeto e que, muitas vezes, vinham com posições pré-estabelecidas, nem sempre favoráveis ao projeto, em função de interesses de sua área ou de vaidade pessoal. De maneira educada, o gerente de projetos solicitou a redução dos participantes para dois profissionais: apenas o patrocinador e seu assessor direto, explicando de forma consistente as razões desse pedido. O resultado foi positivo e trouxe três consequências diretas: (1) o secretário passou a acompanhar com maior proximidade o projeto, comprometendo-se com seu progresso; (2) as reuniões ficaram mais rápidas e as decisões passaram a ser mais precisas; (3) a equipe teve aumento na produtividade do projeto, atuando nas atividades que eram de sua responsabilidade.

PONTOS DE DESTAQUE

Habilidade do gerente de projeto ter solicitado uma reunião isolada com o patrocinador (evitando qualquer exposição indesejada) e ter efetuado uma boa preparação da argumentação para negociar a redução do número de profissionais participantes da reunião executiva.

5.2 Patrocinador (*sponsor*)

O patrocinador, também chamado de *sponsor*, é efetivamente "o dono do projeto", aquele que apoia o projeto; portanto, deve ter autoridade e poder. O resultado do projeto (positivo ou negativo) é de responsabilidade do patrocinador, afetando sua imagem na organização. A definição contida no Guia PMBOK® esclarece que "é uma pessoa ou grupo que fornece recursos e suporte para o projeto, programa ou portfólio, e é responsável pelo sucesso do mesmo". (PMI®, 2013, p. 555).

Analisando-se com profundidade a expressão "responsável pelo sucesso do projeto", isso engloba compromissos relacionados ao projeto, como:

- Aprovar o escopo.
- Aprovar as mudanças solicitadas após a aprovação do escopo.
- Efetuar os aceites intermediários e os finais.
- Participar das reuniões executivas a fim de monitorar o progresso do projeto e tomar decisões acerca de cancelamento/continuação quando os riscos tiverem alta severidade.
- Incentivar o gerente do projeto e a equipe.
- Financiar o custo do projeto.
- Exigir relatórios de acompanhamento e influenciar as partes interessadas atuando como porta-voz para persuadir os níveis hierárquicos superiores dos benefícios que serão proporcionados pelo projeto.

A maioria dos gerentes de projetos já percebeu que o patrocinador é seu "cúmplice" para o sucesso do projeto e não exclusivamente seu "superior imediato" no organograma do projeto. A boa relação patrocinador-gerente é permeada por aconselhamentos mútuos mais do que por ordens ou negociações.

Quando do planejamento inicial do projeto, a identificação e o registro das premissas, restrições e dos principais riscos do projeto são essenciais para a tomada de decisão do patrocinador em "*go x no-go*" (ir em frente ou não), pois isso implica na avaliação gerencial dos riscos e sua concordância/aceitação das premissas e restrições. Em geral, estes itens são registrados no Termo de Abertura do Projeto ou documento equivalente.

Ainda na fase de planejamento do projeto, as negociações gerente--patrocinador se concentram em dois elementos: riscos e recursos, englobando os financeiros, humanos, materiais e logísticos. Quanto aos riscos, são negociadas as ações definidas para mitigar ou evitar os riscos, bem como as Reservas de Contingência, que representam acréscimo de custos no orçamento do projeto; por isso, todos os riscos identificados e sua respectiva abordagem (evitar, mitigar, transferir ou aceitar) devem ser debatidos com o patrocinador para que se possa analisar e selecionar aqueles que serão endereçados no projeto.

Outro item de negociação com o patrocinador são os recursos. Quando se menciona recursos humanos, entende-se não somente a quantidade, mas sobretudo, a qualidade (capacitação e experiência dos profissionais para as atividades a serem desenvolvidas no projeto). No transcorrer da execução do projeto, são frequentes as solicitações de recursos financeiros adicionais ao patrocinador, todavia, as causas são diversas: estimativas incorretas no planejamento, complexidade do projeto subdimensionada, equipe mal dimensionada ou sem as habilidades requeridas, atrasos no cronograma, etc.

Ressalta-se que ainda há patrocinadores autocratas, que sabem somente pressionar a equipe com um "chicote nas mãos". Esse tipo de postura provoca no gerente e na equipe apenas sentimentos de "temor" e "insegurança", destruindo a relação colaborativa que deveria existir.

As razões de bloqueio na elaboração de opções criativas apontadas por Ferreira (2008) são resultantes de experiências negativas anteriormente vivenciadas com pessoas de atitudes radicais, intransigentes, com o emprego do argumento "autoridade". Segundo o autor, alguns negociadores (no caso, patrocinadores autocratas) se consideram muito importantes para dialogar com os demais profissionais em mesmo nível de igualdade.

Evidentemente, o patrocinador deve ser exigente, todavia, deve ser sábio para obter do gerente e da equipe o melhor que conseguem realizar, e para isso precisa demonstrar compromisso e empatia. O negociador cognitivo, segundo Gonzaga (2008), entende que a recusa é dirigida às proposições apresentadas quando das discussões e não à pessoa, tornando-se mais aberto e racional à divergência, criando um ambiente mais criativo e produtivo.

CASO REAL

Um gerente de projetos atuava com dois patrocinadores com características e posturas antagônicas. O primeiro era oriundo de um país latino da Europa. Esse profissional tinha acabado de chegar ao Brasil, e além de autocrata, não respeitava a cultura local e fazia questão de mostrar-se poderoso. Tão logo chegou, demitiu alguns profissionais, com critérios pouco claros, a fim de mostrar força e poder. Conseguiu rapidamente transformar o clima organizacional em um ambiente temeroso e de insegurança.

O segundo patrocinador era o oposto: confiava na equipe, delegava e mantinha o controle com muita naturalidade. Esse profissional sempre se mostrava disponível, propunha soluções e colaborava com as iniciativas do projeto. Era norte-americano e estava há pouco no país, mas se esforçava em falar português e participava de atividades de integração com a equipe do projeto, como *happy hours* e afins. Profissional objetivo, rigoroso e exigente, sobretudo, quanto à qualidade, pontualidade e sinceridade dos integrantes da equipe.

Os projetos eram complementares na organização e visavam à implantação de processos de Gerenciamento de Projetos: criação dos processos, definição de metodologia, modelos, indicadores de monitoramento, padrões, escolha de ferramentas, treinamento e divulgação.

Sabe-se que a comunicação verbal (só verbal) em uma negociação representa 10%, a comunicação afetiva, que engloba tom e ritmo de voz (40%), enquanto a comunicação não verbal (movimento e expressão corporal) representa 50%.[13] (MANUEL DASÍ; MARTÍNEZ-VILANOVA MARTÍNEZ, 1996).

Embora ambos os patrocinadores fossem estrangeiros e tivessem o mesmo nível de comunicação verbal, a comunicação afetiva e não verbal do patrocinador norte-americano era muito melhor, implantando a cultura do "compromisso e participação" na relação patrocinador-gerente e patrocinador-equipe; em contrapartida, o estilo do europeu era utilizar-se da "cultura do medo".

Ao final, ambos os projetos foram exitosos, atingindo seus objetivos nos prazos estipulados e com a qualidade esperada, todavia, a equipe do projeto patrocinado pelo norte-americano elaborou soluções mais criativas e os profissionais envolvidos tiveram um excelente nível de integração e realização pessoal, sentindo-se "proprietários" das soluções desenvolvidas. O outro projeto espelhava exclusivamente o modelo mental do patrocinador, com equipe cansada e estressada no final do projeto, o que desencadeou o pedido de demissão de ótimos profissionais. Poucos defendiam os processos implantados, pois não tinham o "sentimento de propriedade" do trabalho desenvolvido.

---

13 **Comunicação não verbal.** Estes percentuais são muito similares aos apresentados pela Harvard Business School Press (2004), com respectivamente: 8% para o significado da mensagem, 37% para a tonalidade e entonação da voz e 55% para o comportamento, expressões faciais e manifestações corporais, como ilustrado na Figura 9 (item 4.4.2).

Em vez de "os fins justificam os meios"[14] no contexto ético do Gerenciamento de Projetos, exige-se "os meios estão diretamente associados à qualidade dos fins".

PONTOS DE DESTAQUE

A relação patrocinador e gerente de projetos é uma parceria. Mais que negociar com o patrocinador, o gerente deve atuar como um "consultor" do patrocinador naquilo que detém maior conhecimento. Entretanto, o gerente deve também ouvir os "conselhos" do patrocinador, explorar suas experiências e entender suas necessidades/compromissos, afinal, mais que ninguém, o patrocinador quer/precisa do sucesso do projeto.

5.3 Cliente externo

As negociações com clientes são, em geral, relativas às empresas de consultoria em projetos de prestação de serviços, atrelados a seus produtos ou não. Essas negociações evidenciam que o gerente de projetos é o principal elemento de integração entre o cliente e a consultoria em que atua. Mesmo no caso de existência de representantes comerciais

---

14 **Os fins justificam os meios**. A famosa frase em italiano *"il fine giustifica i mezzi"* é erroneamente atribuída ao cientista político fiorentino Nicolau Maquiavel, que viveu na Idade Média e promovia a cisão entre moral e política. Tal frase não é encontrada em suas obras, incluindo "O Príncipe", mas tem sua origem na antiguidade, quando o conceito é apresentado em latim *"exitus acta probat"* (o resultado demonstra) na obra Heroides do poeta romano Públio Ovídio Naso (43 a.C. – 17 ou 18 d.C.).

ou vendedores, são os gerentes de projetos que efetivamente negociam o progresso do projeto, as mudanças, os prazos, o faturamento e os pagamentos. Isso decorre do fato de os profissionais da área comercial priorizarem novos negócios, novos projetos ou expansões nos projetos atuais, embora façam o acompanhamento dos projetos em curso.

Evidentemente, a intensidade das forças das partes (cliente e consultoria) é relevante como aborda Porter nas cinco forças da competividade. Assim, se um cliente é muito maior que a empresa prestadora de serviços e se trata de um projeto importante para a empresa, então o cliente tem elevado poder de alavancagem de negociação. (PORTER, 1999). A recíproca também é verdadeira, por isso, a discussão aqui apresentada considera uma relativa equivalência de forças entre cliente e consultoria.

Essa responsabilidade de ser *interface* (ligação) entre cliente e consultoria traz elevado nível de estresse para o gerente, pois sofre pressão de ambos os lados. A empresa de consultoria quer maximizar seus resultados, tornando-se muitas vezes inflexível nas negociações com o cliente. Em contrapartida, o cliente (razão de ser da consultoria) aproveita-se de seu papel de cliente para tentar obter o máximo de seu fornecedor, seja quanto à qualidade, escopo, garantias, etc.

Para agravar a situação, o cliente não percebe no gerente de projetos a autoridade máxima da consultoria, por isso, muitas vezes utiliza-se do modelo "pressionar" o gerente para que consiga escalar em níveis hierárquicos superiores. Com isso, o cliente negocia com o gerente o dia a dia do projeto, as questões mais triviais, enquanto as mais significativas e representativas são conduzidas para os níveis superiores da consultoria.

Neste contexto, o gerente acaba por atuar como um conciliador entre as partes, amenizando os conflitos, sabendo mostrar às partes os benefícios comuns e amenizando características pessoais que por vezes são fontes de conflito, como vaidades. O gerente de projetos não é o defensor do cliente como alegam alguns profissionais, pois ele é um profissional da empresa de consultoria, devendo atuar de forma equilibrada e desprovida de emoção.

CASO REAL

Um gerente de projetos após vivenciar a Síndrome de Finalização de Projeto (SFP) em vários clientes, elaborou uma estratégia em um projeto de longo prazo em um importante cliente da consultoria. Entende-se por SFP a iminente ausência da consultoria em face da finalização do projeto, por isso, o cliente, por meio de um processo de defesa e com a sensação de abandono, inicia uma sequência contínua de reclamações da equipe, da metodologia, dos entregáveis, da qualidade e de requisitos qualificados como "implícitos", na tentativa de reter a consultoria por mais tempo.

A estratégia da consultoria foi implantar uma sistemática de avaliação do projeto, realizada periodicamente (no caso, mensal), com a participação do patrocinador do projeto do cliente. Essa avaliação, realizada em reunião com o diretor da consultoria (e não com o gerente do projeto), consistia em avaliar os principais aspectos da consultoria e do projeto, que eram traduzidos por um indicador numérico (Indicador de Satisfação do Patrocinador – ISP). Evidentemente, quando da primeira avaliação, foi feito um processo de "venda" ao cliente, apresentando os benefícios do método, a periodicidade, a divulgação dos resultados e as ações decorrentes de eventuais pontos de melhoria detectados.

No transcorrer do projeto, o indicador era monitorado amiúde, e qualquer variação nos resultados era rapidamente analisada para que medidas corretivas fossem tomadas pela equipe de projeto. O projeto progredia muito bem, porém, quando se aproximou o momento da Síndrome de Finalização de Projeto (SFP), o patrocinador do cliente percebeu que, além de satisfeito com os resultados obtidos, não teria sustentação lógica para efetuar queixas e reclamações neste momento, pois por um longo período mostrava-se satisfeito. O projeto foi finalizado com tranquilidade, os aceites assinados e a gerência foi alvo de elogios pelo cliente.

PONTOS DE DESTAQUE

Foram quatro os pontos de destaque. O primeiro, a definição de uma estratégia com base nas lições aprendidas em outros projetos da consultoria; afinal, a SFP (Síndrome de Finalização de Projeto) era momento de desgastes e conflitos entre as partes. O segundo ponto de destaque, foi o processo de negociação e obtenção do compromisso do patrocinador do projeto quanto à implantação da sistemática. O terceiro ponto de destaque foi a monitoração por meio de indicadores numéricos, que evidenciavam o avanço do projeto e possibilitavam análise de causa raiz dos eventuais pontos apresentados pelo cliente. Finalmente, o quarto ponto de destaque foi que a empresa de consultoria transformou esse processo em padrão para projetos mais complexos ou de longo prazo.

5.4 Cliente interno

É relativamente comum supor que as negociações com clientes internos (usuários) são similares as com clientes. Isso é verdade quando as organizações trabalham na modalidade de "transferência de custos" entre áreas, pois o viés financeiro se mantém. Entretanto, para a maioria dos casos, as negociações com clientes internos têm um forte componente político.

O maior item de negociação entre os usuários e o gerente de projetos é o binômio "aceitação-compromisso". O primeiro elemento do binômio "aceitação" envolve o convencimento do usuário dos benefícios do projeto proposto, como implantação de um novo sistema, melhoria em um processo de negócios, mudança de instalações físicas, etc. O segundo elemento "compromisso" representa obter do cliente interno o sentimento de propriedade do projeto, quando afirma "sim, defendo isso!" ou "quero isso para minha área e para minha equipe". O compromisso demonstra decisão e posição assumida, contrariando os eternos indecisos que, por vezes, chegam a afirmar "amanhã darei um talvez definitivo" *(sic)*.

Nesse binômio aceitação-compromisso torna-se imprescindível que as questões pessoais sejam endereçadas (vaidades, poder hierárquico), por isso, identificar todos os envolvidos no projeto e ouvi-los, torna-se um Fator Crítico de Sucesso (FCS). Ouvi-los representa entender suas necessidades e endereçá-las no que for possível no projeto. Isso representará "valorizar" o cliente interno, e certamente obter o compromisso e apoio, seja na divulgação do projeto, na defesa ou na cessão de recursos.

 CASO REAL

Uma empresa tinha um projeto com objetivo de obter uma importante certificação para sua área de serviços. Era um projeto estratégico, pois o certificado daria maior visibilidade à empresa no mercado, torná-la-ia mais competitiva, e, certamente, seus processos teriam significativas melhorias quanto à qualidade.

Havia um importante e numeroso grupo contrário ao projeto, por dois motivos: alegavam que haveria maior burocracia na empresa (engessamento das operações) e haviam passado por experiência fracassada há alguns semestres atrás, não se justificando nova tentativa em curto espaço de tempo. As tentativas de convencimento do grupo (negociações) foram fracassadas, pois os líderes do grupo contestavam a estratégia da empresa naquele momento, alegando outros itens mais prioritários.

O padrão de inovação tecnológica e ideias (disseminado desde 1903) aplica-se em situações como essa. Nele, há cinco grupos de usuários: inovadores, adeptos iniciais, maioria adiantada, maioria atrasada e retardatários, conforme Figura 11. Os inovadores, que representam 2,5%, são as pessoas que se sentem orgulhosas por serem os precursores das novidades. Os adeptos iniciais (13,5%) são pessoas que gostam das inovações e são consideradas líderes e formadoras de opinião. O terceiro grupo, da maioria adiantada (34%), é composto por pessoas que levam mais tempo para aceitar, observando e seguindo os líderes. Já a maioria atrasada, também com 34%, é formada por pessoas céticas diante das mudanças, que somente por pressão ou necessidade aderem à inovação. Por fim, os retardatários (16%) são aquelas mais conservadoras em suas visões e relutam contra transformações, rejeitando-as. (BATEMAN; SNELL, 2009).

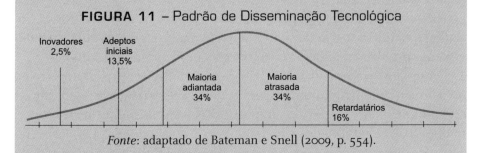

FIGURA 11 – Padrão de Disseminação Tecnológica

Fonte: adaptado de Bateman e Snell (2009, p. 554).

No projeto em questão (obtenção da certificação), pode-se dizer que os inovadores eram os profissionais da equipe do projeto, incluindo o gerente e o patrocinador. O mapeamento das partes interessadas *(stakeholders)* propiciou identificar os líderes das áreas e os formadores de opinião. O trabalho realizado com esses profissionais tendo como meta o binômio aceitação-compromisso foi fundamental para a propagação da onda, atingindo rapidamente as maiorias (adiantada e atrasada). Os refratários, formados por profissionais do grupo resistente, acabaram por aceitar o projeto (mesmo contra a vontade), pois perceberam que poderiam comprometer a estratégia da empresa, e também, sua própria permanência na organização.

PONTOS DE DESTAQUE

Identificar, ouvir, valorizar e qualificar as partes interessadas no projeto, negociando e persuadindo para obtenção da aceitação-compromisso dos líderes que são formadores de opinião. Com isso, atingem-se as maiorias, que observam e seguem os líderes.

5.5 Fornecedor

Em projetos, pode-se integrar produtos ou serviços adquiridos e negociados com outras organizações, sejam *commodities* ou algum desenvolvimento especificamente para atender às necessidades do projeto.

A organização decide pela compra de determinado produto/serviço ou pelo seu desenvolvimento interno. Em geral, esta decisão de fazer ou comprar, também conhecida por *make or buy*, decorre de quatro fatores: tempo, custos, habilidades e estratégia; por isso, a opção pelo *make* (fazer internamente) se justifica quando há disponibilidade de tempo, de recursos (conhecimento) e os custos são adequados se comparados com aquisição externa. Outra alternativa para a decisão de desenvolvimento próprio pode ser decorrente de estratégia da organização considerando aspectos como: ter baixo nível de dependência externa, consolidar-se como único detentor de uma determinada tecnologia, conforme destacam Bateman e Snell (2009, p. 564).

Caso se opte pela aquisição externa, a especificação do produto ou serviço deve ser detalhada, contemplando: características, funcionalidades e particularidades, preferencialmente com critérios de aceitação quantificáveis e verificáveis. Em paralelo, devem ser identificados os potenciais fornecedores com base em, mas não se limitando a: relação de fornecedores disponível na organização, revistas especializadas, resultados de pesquisas na Internet ou indicação de profissionais da área.

É usual quando do planejamento do projeto, durante a fase de elaboração do orçamento, que se faça uma rápida pesquisa de preços com alguns potenciais fornecedores para amparar os custos estimados para o projeto. Entretanto, este tipo de abordagem precisa ser cuidadosa, pois pode trazer problemas futuros (descasamento entre o valor informado na pesquisa com o valor real obtido na execução do projeto), caso inexista uma proposta formal de fornecimento, com preço, condições comerciais e prazo de validade da proposta. Ademais, há casos em que esse descolamento pode se acentuar com preços em moeda estrangeira, caso ocorra desvalorização da moeda nacional.

Turban, Rainer Jr. e Potter (2007) recomendam que seja elaborada uma *Short list* (relação reduzida de potenciais fornecedores) com base em critérios de seleção previamente definidos na organização. Aos integrantes desta *Short list* (em torno de três potenciais fornecedores) devem ser solicitadas as propostas comerciais, uma vez que a especificação técnica é responsabilidade da contratante. A escolha pode ser efetuada por vários critérios, como: (1) menor preço, (2) melhor combinação técnica/preço, (3) outros critérios da organização.

5.5.1 Combinação Técnica/Preço

Para se utilizar este critério (combinação Técnica/Preço), deve-se criar uma tabela de itens e pesos, e também, definir qual será a modalidade decisória, por exemplo (70/30, 50/50, 40/60, em que o primeiro membro representa a ponderação do índice técnico, e o segundo, a ponderação do índice comercial). Por questões de imparcialidade e transparência no processo, os itens a serem avaliados, os pesos e os percentuais devem ser definidos antecipadamente, antes do recebimento de qualquer proposta.

Após o recebimento das propostas, os avaliadores devem atribuir uma nota, por exemplo, entre 0 e 10 para cada item de cada concorrente. No Quadro 7, um exemplo de pontuação obtida pelo somatório dos produtos obtidos de "peso do item" pela "nota atribuída ao item" para cada um os concorrentes: "A", "B", "C", "D" e "E".

QUADRO 7 – Exemplo de Avaliação Técnica de Fornecedores

Item	Peso	Concorrente A	B	C	D	E
Atendimento das necessidades técnicas	3	8	8	7	10	9
Referências e certificações	2	9	9	4	9	10
Estrutura local	2	6	8	9	10	10
Suporte	1	7	10	5	8	6
Metodologia utilizada	1	7	8	3	10	8
Capacidade de expansão	1	9	6	5	6	3
Total de Pontuação		**77**	**82**	**60**	**92**	**84**

Fonte: os autores.

Evidentemente, poder-se-ia atribuir alguma nota mínima para corte, por exemplo, o fornecedor que tivesse qualquer nota inferior a 4 estaria eliminado (neste caso, seriam os Concorrentes "C" e "E", pois obtiveram nota 3 em pelo menos um item avaliado).

Para apuração do Índice Técnico de cada concorrente, de acordo com Zuccato (2014), assume-se que a **maior pontuação** recebe Índice = 100; para os demais concorrentes, calcula-se pela fórmula:

> Índice Técnico = Pontuação do Concorrente / Melhor Pontuação * 100

Desta maneira, os índices técnicos calculados para cada concorrente são presentados no Quadro 8.

QUADRO 8 – Índices Técnicos dos Concorrentes

	Maior Pontuação	Concorrente A	B	C	D	E
Índice Técnico	92	**83,7**	**89,1**	**65,2**	**100,0**	**91,3**

Fonte: os autores.

De forma análoga, para realizar a avaliação comercial, apura-se o Índice Comercial de cada concorrente, segundo Zuccato (2014), considera-

-se a proposta com o valor **mais baixo** como sendo a melhor oferta, atribuindo-se Índice = 100. Para cálculo dos índices dos demais concorrentes, utiliza-se a fórmula:

> Índice Comercial = Valor da Proposta de Menor Valor / Valor da Proposta do Fornecedor * 100

No Quadro 9 são apresentados os Índices Comerciais obtidos pelos cinco concorrentes, considerando a melhor proposta do Concorrente "C".

QUADRO 9 – Índices Comerciais dos Concorrentes

	Menor Valor	\multicolumn{5}{c}{Concorrente}				
		A	B	C	D	E
Valor proposto (em R$)	–	3.300	5.300	3.000	6.000	7.000
Índice comercial	3.000	**90,9**	**56,6**	**100,0**	**50,0**	**42,9**

Fonte: os autores.

Para ordenação final dos concorrentes, calcula-se a média ponderada dos Índices Técnico e Comercial de cada concorrente. A melhor combinação Técnica/Preço (na modalidade 70/30) foi a do Concorrente "A", embora o melhor Índice Técnico tenha sido do Concorrente "D", e o melhor Índice Comercial, do Concorrente "C", conforme Quadro 10.

QUADRO 10 – Avaliação Final Técnica/Preço – modalidade 70/30

	Ponderação	A	B	C	D	E
Índice Técnico	70%	83,7	89,1	65,2	100,0	91,3
Índice comercial	30%	90,9	56,6	100,0	50,0	42,9
Nota final		**85,9**	**79,4**	**75,7**	**85,0**	**76,8**
Classificação		**1**	**3**	**5**	**2**	**4**

Fonte: os autores.

Embora a opção do Concorrente "A" seja a melhor na modalidade Técnica/Preço (70-30), na área privada negociações podem ser conduzidas a qualquer tempo; por exemplo, com os Concorrentes "D" e "B", pois atingiram pontuações similares à do concorrente "A".

5.5.2 O que negociar com fornecedores?

A abrangência de negociação com fornecedores é ampla, pois além de preços negocia-se: condições de fornecimento (entregas), condições de faturamento e de pagamento, garantias, extensão de períodos ou de ampliação de modalidade de assistência técnica, requisitos de qualidade, prazos de entrega, exclusividade, confidencialidade, etc.

Há projetos em que o fornecimento é contínuo, e outros em que é pontual (entrega única, por exemplo). Em ambas as situações é recomendável que se institua cláusulas de penalidades ou bonificações, com o objetivo de garantir que o fornecedor entregará no prazo e com o padrão de qualidade pactuado. Ademais, em todo contrato devem estar previstas condições de rescisão motivadas, ou seja, pelo descumprimento das obrigações contratuais.

A ação de um gerente de projetos diante de um cenário associado à "facilidade de substituição" do fornecedor (oferta de mercado) e quanto ao "prazo para fornecimento" pode ser sintetizada pelas situações mostradas na Figura 12. O mais crítico é quando o fornecimento está atrasado e a possibilidade de substituição do fornecedor é baixa, pois o projeto está "refém" dessa situação. Em outras condições, o gerente de projetos deve ficar atento, sobretudo, nos casos de atraso, pois caso o fornecimento seja de *commodities*, deve-se analisar a possibilidade de substituição do fornecedor.

FIGURA 12 – Ações do gerente de projetos frente a prazos e possibilidade de troca de fornecedor

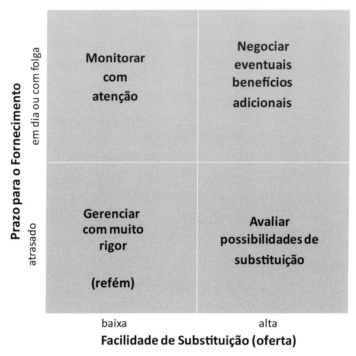

Fonte: os autores.

A Figura 13 ilustra o processo das principais etapas de seleção/contratação de fornecedores. A Etapa 1 visa efetuar uma pré-seleção de potenciais fornecedores, tendo por base uma ampla lista *(Long List)* e critérios definidos pela contratante, como: relacionamento anterior, imagem no mercado, referências, período de atuação no mercado, estrutura disponível na região, indicações de profissionais especializados, etc. As empresas selecionadas ficam habilitadas para participar da RFI *(Request for Information)*, ou seja, enviar um conjunto de informações básicas acerca da empresa e das condições de fornecimento. A Etapa 2 consiste na seleção de fornecedores participantes da RFI, para concorrer na RFP *(Request for Proposal)*, ou seja, encaminhamento detalhado da proposta técnica e comercial. Os melhores classificados compõem uma *Short List* (em torno de três fornecedores) quando então são conduzidas as negociações finais (Etapa 3).

FIGURA 13 – Principais etapas de seleção/contratação de fornecedores

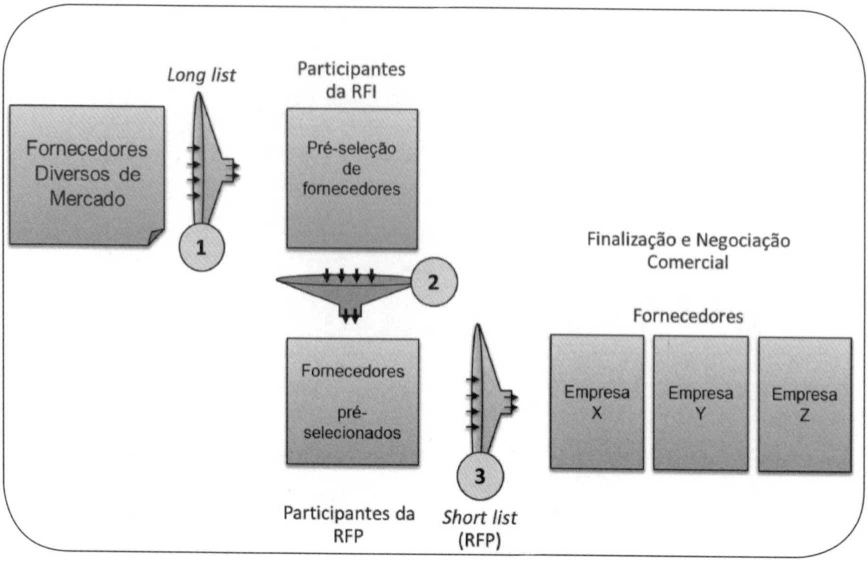

Fonte: os autores.

CASO REAL

Um projeto contemplava a digitalização de milhares de documentos visando à criação de um acervo eletrônico, com facilidades para recuperação dos documentos por meio de palavras-chave (indexação). O serviço contratado de um fornecedor englobava três etapas: preparação (eliminação de grampos, clipes, análise da condição do documento e elaboração de lotes), digitalização e carga/indexação.

Como a atividade estava atrasada e existiam diversos fornecedores de reconhecida qualidade no mercado, foram analisadas as possibilidades de substituição, que foram abertamente discutidas com o fornecedor do serviço. Consciente da situação atual e visualizando a perda do cliente no projeto e em futuros projetos, realizou um investimento significativo em mão de obra especializada e, em pouco tempo, regularizou a situação.

 PONTOS DE DESTAQUE

Ação do gerente de projetos junto ao fornecedor corrente (pressão). Em paralelo, busca de soluções alternativas para substitui-lo com rapidez, dando ciência ao fornecedor da situação para que tivesse oportunidade de reverter a situação crítica do fornecimento.

5.6 Parceiros

Os parceiros em um projeto são as organizações interessadas de forma direta no projeto, no atingimento de seus objetivos, mas que não podem ser qualificados como clientes, fornecedores, subcontratados ou terceirizados. Em geral, a relação de autoridade entre os parceiros é tênue ou até inexistente. Exemplo: para um projeto complexo, duas ou mais empresas com *expertises* complementares se unem criando um "consórcio". A constituição de consórcio pode ser aceita para participação de concorrências públicas, que são regidas pela Lei 8.666/93.[15]

---

15 Lei nº 8.666. (Licitações Públicas) de 21 de junho de 1993. O artigo 33 esclarece que, quando permitida em determinada licitação a participação de empresas em consórcio, deve-se comprovar por meio de compromisso público ou particular a constituição do consórcio (subscrito pelos consorciados), indicando a empresa responsável pelo consórcio que deverá atender às condições de liderança, obrigatoriamente fixadas no edital. O artigo 33 também esclarece que uma empresa consorciada não pode participar da mesma licitação, por meio de mais de um consórcio ou de forma isolada. Dois outros aspectos relevantes no artigo: (1) responsabilidade solidária dos integrantes pelos atos praticados em consórcio, tanto na

Neste caso, as negociações com os parceiros do projeto se iniciam com a elaboração do contrato de constituição do consórcio, quando se definem as responsabilidades de fornecimento, a liderança, a representação, as penalidades, etc. A partir daí, o consórcio atua como uma única concorrente no processo.

CASO REAL

Uma organização havia contratado uma renomada empresa de consultoria, detentora de tecnologia específica na área de *Business Intelligence* (BI). Como se tratava de uma solução nova e proveniente dos Estados Unidos, a quantidade de profissionais qualificados para atuar com o ferramental dessa tecnologia era baixíssima no país. Nessa mesma organização, em outro projeto, havia outra empresa de consultoria responsável pelo desenvolvimento e manutenção de sistemas de informação implantados na organização há anos. Também neste caso, a quantidade de recursos humanos que conheciam as particularidades dos sistemas era escassa. O sucesso dos projetos traria um fortalecimento das empresas de consultoria, com possibilidades de expansão de negócios no próprio cliente e em empresas similares, com replicação da solução.

Para a implantação de um sistema de BI, há necessidade de conhecimento de sistemas legados para extração e tratamento dos dados, em processo conhecido por ETL *(Extract, Transform, Load)*. Assim, a consultoria de Tecnologia em BI começou a assediar os profissionais da consultoria de Sistemas, ofertando

---

fase de licitação quanto na de execução do contrato; e (2) no consórcio constituído por empresas brasileiras e estrangeiras a liderança caberá, obrigatoriamente, a uma empresa brasileira. (Fonte: JusBrasil)

trabalho com atrativas condições financeiras, que certamente, se aceitas, causariam problemas na continuidade dos serviços de desenvolvimento e manutenção de sistemas, prejudicando não somente a consultoria de Sistemas, mas também o cliente, que era comum.

O gerente do projeto da consultoria de Sistemas, ao saber da situação, procurou imediatamente o gerente do projeto da consultoria de Tecnologia e discutiu abertamente o problema. Afirmou que se as contratações ocorressem, com o esvaziamento de recursos, seu projeto naufragaria, porém, em contrapartida também faria propostas atrativas para os profissionais da consultoria de Tecnologia, pois pela elevada qualificação poderiam utilizá-los em projetos similares em outros clientes. Desta forma, também esvaziaria a equipe do projeto da consultoria de Tecnologia.

O diálogo de uma possível situação predatória (cada um "roubando" profissionais do outro projeto) seria extremamente negativa para as duas consultorias e, sobretudo, para o cliente que teria seus dois projetos comprometidos em termos de avanço e perda de "conhecimento".

A negociação foi ríspida na fase inicial, em função da postura do gerente da consultoria de Tecnologia. A argumentação assertiva e racional do gerente do projeto da consultoria de Sistemas propiciou que as duas empresas estabelecessem um "Acordo de Cavalheiros"[16] em que nenhuma das duas empresas contrataria profissionais da outra empresa, com prazo mínimo de um ano a contar da data de encerramento do último dos dois projetos.

Após o estabelecimento do acordo, as equipes foram informadas da situação e dos porquês da decisão. As relações profissionais

---

16 "**Acordos de Cavalheiros**" são em geral informais e demonstram mais "intenção" que efetividade, pois não têm validade legal. Muitos especialistas em Recursos Humanos criticam esses tipos de acordo, pois impedem que uma pessoa faça um movimento profissional que poderia lhe ser conveniente. (CAMPOS; GIARDINO; FACCHINI, 2006).

entre as equipes se mantiveram com elevado padrão de qualidade e atendimento aos objetivos dos projetos. O gerente do projeto da consultoria de Sistemas solicitou à sua equipe que colaborasse com a equipe do outro projeto, pois o alvo era o cliente ser atendido em suas necessidades sistêmicas e de negócio.

PONTOS DE DESTAQUE

1) Os gerentes das consultorias resolveram entre si a situação, poupando eventual intervenção do cliente, fato que enfraqueceria as duas consultorias.
2) A postura do gerente do projeto da consultoria de Sistemas na negociação foi forte e até ameaçadora, pois ele sentia que tinha "poder". Em seguida, após o acordo, adotou uma postura de colaboração, que foi reconhecida por todos.

Nota dos autores: nos Estados Unidos, em 2010, empresas como: Google, Apple, Adobe Systems, Intel, Intuit e a divisão Pixar da Disney fecharam um acordo com o Departamento da Justiça dos Estados Unidos proibindo qualquer envolvimento em pactos de não contratação de funcionários de empresas rivais, protegendo assim o interesse de movimentação do profissional. (EMPRESAS..., 2013).

Ainda que possa ser conveniente a uma pessoa esse movimento profissional, o Acordo de Cavalheiros pode ser válido sob a ótica da vertente utilitarista da ética da responsabilidade, que defende o bem maior para um número maior de pessoas, ou seja, faz-se algo porque é o menor dos males ou maior bem para os outros. (SROUR, 2008). A contratação de uma empresa por funcionários da outra, acarretaria em perda para as duas empresas e para o cliente, portanto, afetando as equipes dos projetos, podendo chegar até a demissão de alguns profissionais em função do fracasso nos resultados desses projetos. De qualquer modo, há de se considerar a validade legal desses acordos e suas condicionantes.

5.7 Equipe do projeto

A equipe é um dos alicerces de um projeto, pois é efetivamente "quem faz acontecer" – tanto em termos de planejamento como de execução de um projeto. O somatório e a complementariedade de conhecimentos, habilidades, *expertises*, experiências e personalidades podem fazer com que os objetivos do projeto sejam mais facilmente atingidos, se houver sinergia, espírito de equipe e confiança. Desta forma, o gerente de projetos deve assumir o papel de integrador, de facilitador, de incentivador e de solucionador de conflitos.

Conforme destaca Rabechini Jr. (2011), as equipes de projetos são dinâmicas e seus membros estão em constantes mudanças. Além disso, o autor destaca que as equipes não são vistas como uma entidade única, ou seja, poucos profissionais, além do gerente do projeto, conseguem ver essa identidade. Mesmo assim, as negociações do gerente com sua equipe ocorrem de forma contínua durante o planejamento e execução de um projeto. Essas negociações com a equipe podem ocorrer de forma geral, com um subconjunto da equipe ou de forma isolada.

Uma técnica de negociação que pode ser utilizada é a "troca de itens de diferentes valores". Por exemplo, como o orçamento de um projeto é sempre restrito, o gerente não pode pagar por uma aceleração nas entregas; nesse caso, poderia negociar um esforço para um rápido progresso no projeto por uma sexta-feira livre ou a liberação para realização dos trabalhos em *home-office* em uma ponte de feriado.

Cabe ao gerente de projetos potencializar as qualidades de sua equipe por meio de uma comunicação eficaz e de imparcialidade no dia a dia, transformando sua equipe em sinônimo de "compromisso" – elemento fundamental para o sucesso de qualquer empreitada. O gerente de projetos deve também procurar desenvolver os profissionais nas lacunas identificadas (técnicas ou comportamentais), assimilar a pressão que sofre no projeto, repassando-a em menor intensidade e saber lidar com as vaidades pessoais.

Outro ponto é que em função do tipo de estrutura organizacional (funcional, matriz fraca ou matriz balanceada), a autoridade do gerente do projeto pode ser baixa (PMI®, 2013), incluindo a gestão do orçamento e o nível de disponibilidade de recursos.

Nesse contexto dinâmico, efêmero e (em geral) de baixa autoridade do gerente, as negociações com os integrantes da equipe tornam-se frequentes, englobando: prazos para realização das atividades, treinamentos para desenvolvimento dos profissionais, recursos e esforços adicionais, ambiente de trabalho, horário e local de trabalho, compensação de trabalho excedente, condições de viagem (meio de transporte, dias de semana, horários, acomodações, refeições), licenças, férias e questões pessoais. Essas negociações visam estimular os integrantes para o atingimento dos objetivos comuns (do projeto).

Na Figura 14, das oito células apresentadas, há duas destacadas (prazos para realização das atividades e treinamentos para complementação de *expertise* necessária ao projeto), que podem ser consideradas de cunho mais técnico associado ao projeto, enquanto as outras seis estão associadas a condições e recompensas para realização do trabalho, que podem afetar a produtividade, qualidade e motivação dos integrantes da equipe.

Assim, os gerentes de projetos são responsáveis não somente pela atuação técnica da equipe e pelas suas entregas, mas por elementos impactantes na condução como projeto, como:

- Criar um ambiente favorável, de respeito pessoal e profissional, que incentive o trabalho em equipe, potencializando as competências e habilidades.

FIGURA 14 – Possíveis negociações do Gerente com a Equipe do Projeto

Fonte: os autores.

- Valorizar e reconhecer os profissionais pelos esforços e pelas realizações.
- Planejar e conduzir reuniões para manter a comunicação eficaz e a equipe integrada.
- Valorizar/divulgar as boas práticas desenvolvidas pela equipe.

Uma equipe motivada, capacitada, valorizada e comprometida contribui para o sucesso do projeto e para a realização profissional e pessoal dos seus integrantes.

CASO REAL

Em um projeto de grande porte, que era desenvolvido nas instalações de um cliente de uma consultoria, a equipe era composta por mais de vinte profissionais. Embora existisse um horário de trabalho pré-definido e estabelecido, as necessidades individuais eram latentes, como: (1) um profissional utilizava-se diariamente de um ônibus fretado, pois residia em cidade do interior paulista, necessitando sair mais cedo todos os dias; (2) uma profissional que tinha filhos pequenos queria trabalhar em casa *(home-office)* em três dias da semana para eliminar o tempo de locomoção para ir/voltar do trabalho e atender às crianças; (3) vários profissionais com veículo próprio tinham o problema do rodízio municipal que há em São Paulo de acordo com o final da placa do veículo que restringe o horário de circulação; (4) um especialista que vinha semanalmente de Brasília queria chegar mais tarde às segundas-feiras e sair mais cedo às sextas-feiras, por questões de transporte aéreo, não se importando em trabalhar até mais tarde nos demais dias da semana, e assim, cada uma com suas particularidades.

Situações como essas são mais comuns que possa parecer. Qual a solução que o gerente adotou? Definiu que cada profissional realizasse o horário que lhe fosse mais conveniente, registrando em um painel no *War Room* do projeto (sala do projeto) seu horário de trabalho, porém, às terças e quintas-feiras todos deveriam estar presentes das 11 horas às 13 horas e das 14 horas às 16 horas. Dessa forma, seriam atendidas todas as particularidades, as reuniões presenciais seriam agendadas nesses dias/horários, além de se transformar em momentos de integração, discussão de soluções e descontração da equipe.

PONTOS DE DESTAQUE

Sensibilidade e habilidade do gerente do projeto em perceber as necessidades individuais e buscar atendê-las, sem comprometer o andamento do projeto. A equipe percebeu essa iniciativa do gerente e correspondeu, não se importando em trabalhar muito mais que o previsto, abrindo mão de horas de lazer e demonstrando compromisso com o êxito do projeto.

5.8 Áreas internas da organização: Jurídico, Compras e Financeiro

Quando se fala em negociações internas, há que se qualificar os projetos em: projetos internos e projetos para clientes (consultorias, empreiteiras, implementadoras, etc.), pois em função dessa qualificação, as negociações internas são menos ou mais intensas.

5.8.1 Projetos para clientes

No caso de empresas prestadoras de serviços, as negociações internas são integrantes de um contexto comercial; assim, a atuação da área Jurídica é fundamental na validação de uma proposta, reduzindo as exposições da empresa no negócio. Ademais, a área Financeira precisa entender e aprovar o fluxo de caixa do projeto visando a uma operação saudável para a empresa, e no caso de períodos em que o projeto fique sem sustentação de receita (custos maiores que receitas), contornar a situação indevida por meio de obtenção de recursos externos com repasse do custo financeiro ao cliente. A área de Compras (ou *Procurement*) precisa conhecer previamente os itens que serão comprados do mercado para incorporação ao projeto – sejam equipamentos, *softwares*, aluguéis, materiais, serviços, ou mesmo mão de obra para complementação de *expertise* da organização. Esse conhecimento prévio no projeto possibilita a obtenção e negociação de condições comerciais favoráveis nas aquisições.

Evidentemente, os itens mencionados são relativos a "procedimentos administrativos" de validação de uma proposta antes de sua apresentação a um cliente. Esses procedimentos são específicos de cada organização, podendo ser mais ou menos maduros, pois dependem da cultura organizacional, de padrões estabelecidos, do segmento de atuação, de regulamentações de órgãos externos e da própria estrutura da organização: por exemplo, se a organização atua com aquisições de forma centralizada ou descentralizada.[17] Esses procedimentos são, nas empresas prestadoras de serviços (consultorias, empreiteiras, implementadoras, etc.), em geral, seguidos com rigor e auditados para que a qualidade das propostas não fique comprometida. As exceções são tratadas por meio de aprovação de níveis previamente definidos.

A participação dessas áreas, incluindo também a área de Recursos Humanos, ocorre durante toda a execução do projeto, dependendo das particularidades e das necessidades. Essa participação é sustentada por meio de procedimentos formais na organização; todavia, há que se destacar que as negociações internas ocorrem em paralelo aos procedimentos estabelecidos, sobretudo quanto aos prazos e definição de prioridades. O gerente do projeto precisa muitas vezes negociar com essas áreas prazos inferiores aos definidos, seja para viabilizar um negócio de importância estratégica para a organização ou para solucionar um problema emergencial.

---

17 **Estrutura centralizada** é quando há uma área que coordena todas as aquisições para os projetos (vantagens: maior *expertise* em aquisições, estabelecimento de práticas padronizadas, compartilhamento de recursos administrativos, reduzindo custos, melhor controle no processo e ganho de escala nas negociações). **Estrutura descentralizada** é quando o projeto tem autonomia para realizar as aquisições. As vantagens são: maior conhecimento técnico, a prioridade é atribuída pelo projeto e maior agilidade nas aquisições. (XAVIER; WEIKERSHEIMER; LINHARES; DINIZ, 2010).

5.8.2 Projetos internos

Em geral, as áreas Financeira e de Recursos Humanos são acionadas para aprovação de um projeto interno à organização. Evidentemente que há casos da necessidade do envolvimento de outras áreas, sobretudo, quando o projeto envolve questões de cunho ambiental ou social. Para os projetos internos já aprovados, as áreas Jurídica, Compras e Financeira exercem um papel de suporte durante a execução de um projeto e, em geral, são acionadas sob demanda. O Jurídico é acionado em questões pontuais nas tratativas com algum fornecedor (caso haja aquisições no projeto) ou a algum grave problema de pessoal do projeto; a área de Compras é envolvida nas negociações com fornecedores (caso haja aquisições no projeto) e a área financeira quando há necessidade de aporte maior de recursos ao que foi planejado/aprovado.

PONTOS DE DESTAQUE

- **Quem faz contrato (com clientes e fornecedores) é a área Jurídica e não o gerente de projetos!**
  O gerente de projetos pode (e deve) dar subsídios técnicos e informar as particularidades do projeto para a área Jurídica elaborar os contratos.

- **Quem finaliza o processo de aquisição para um projeto é a área de Compras e não o gerente de projetos!**
  O gerente de projetos deve elaborar o SOW *(Statement of Work)* para encaminhamento aos potenciais fornecedores, deve especificar o trabalho a ser desenvolvido, os "entregáveis"

(pacotes de entrega), os prazos, os critérios de aceite e as garantias necessárias. O gerente pode fazer diligências com os potenciais fornecedores e seus clientes, em tempo de seleção de fornecedores; todavia, as negociações finais, as condições comerciais e os termos contratuais são de responsabilidade da área de Compras e Jurídico.

APÊNDICE

Situações Atípicas

A negociação faz parte do dia a dia de todos. Trata-se de uma habilidade importante para qualquer profissional e para os gerentes de projeto, e é determinante para a obtenção dos resultados esperados nos empreendimentos. De certa forma, negocia-se tudo com todos, porém, nem sempre as negociações são simples e fáceis. Há diversas situações em que a tensão pode aumentar, as emoções ficarem mais afloradas e necessitarem de maior atenção por parte dos negociadores. Este apêndice trará de três tipos de situação que precisam de maior cuidado no momento de negociar: negociações críticas, negociações ásperas e negociações com pessoas difíceis.

A1. Negociação crítica

Salvo alguma rara e curiosa exceção, o gerente de projetos não terá de negociar com bandidos, sequestradores ou negociar uma situação de conflito com o objetivo de selar a paz entre dois países. A maior parte das negociações que um gerente de projetos realiza é de certo modo corriqueira, entretanto, há situações críticas nos projetos em que sua habilidade de negociação será mais requerida. A criticidade de uma negociação pode ser classificada de acordo com o nível de importância que os resultados têm no cumprimento dos objetivos do projeto. As situações mais críticas ocorrem normalmente nas fases iniciais (quando estão sendo feitas as primeiras definições), nos marcos intermediários (quando da execução de etapas importantes) e nos marcos finais (quando da entrega do projeto ou no fechamento de uma fase). É nestes momentos críticos que se faz necessário aplicar com atenção o ciclo completo do método apresentado no Capítulo 4 – Etapas da Negociação.

As etapas iniciais normalmente têm momentos decisivos e que podem ser determinantes para a continuidade ou finalização de um projeto, antes mesmo de se iniciar a execução propriamente dita. Nas etapas iniciais (planejamento), esclarece-se o escopo, determina-se o orçamento, define-se a estratégia, obtém-se o financiamento, define-se a equipe, se faz as escolhas e selecionam-se os fornecedores.

Portanto, o profissional que estará à frente dessas definições precisa estar preparado para negociar com outros profissionais, normalmente experientes nesse tipo de situação. Na contratação de fornecedores, por exemplo, ainda que a área de Compras possa se encarregar de negociar preço e outras condições comerciais, o gerente de projetos deve estar preparado para participar do processo, definindo em conjunto a estratégia e toda a preparação necessária que este tipo de negociação exige. O gerente deve subsidiar as negociações com variáveis importantes do projeto, tais como o limite financeiro para a contratação, especificações técnicas e critérios de aceite, itens do escopo que são obrigatórios e os desejáveis, requisitos legais, níveis de serviço exigidos, etc. O gerente de projetos além de preparar o SOW *(Statement of Work)* também deve elaborar cuidadosamente a MACNA (Melhor Alternativa em Caso de Não Acordo) para que possam ser definidos os limites e opções, caso o resultado esperado não se concretize. Nessas situações, entra em ação a habilidade do negociador de planejar e definir a estratégia de negociação.

Nas etapas intermediárias dos projetos, onde normalmente a execução e o controle são realizados, podem ocorrer situações críticas que necessitam de maior atenção por parte do gerente de projetos, como, por exemplo, desvios no cronograma ocorridos por riscos inesperados que impactaram no prazo final e, portanto, precisa haver uma negociação de nova data de entrega do projeto. Nesse exemplo, a situação poderia se agravar se o prazo de entrega estivesse atrelado a um contrato de prestação de serviços que prevê multa em caso de atraso, muito comum naqueles que são firmados com base em editais de licitação (Lei nº 8.666, de 21 de junho de 1993). No caso de projetos que atendem a concorrências públicas (em nível municipal, estadual ou federal), há situações em que não há negociação e deve-se cumprir o que o contrato prevê: entrega no prazo ou aplicação de penalidades. Nas etapas intermediárias, o negociador precisa usar de sua habilidade em negociar os entraves para conseguir que a execução do projeto prossiga, com o mínimo de impacto em seus objetivos.

Nas etapas finais, quando a entrega principal está por acontecer, há pressão pela conclusão do projeto, pelo cumprimento dos acordos firmados com fornecedores e demais partes interessadas, tornando esta fase tensa e crítica, o que exige cuidado redobrado do gerente do projeto. Prazos esgotando-se, itens do escopo que precisam ser concluídos e pagamentos que devem ser realizados em função das entregas são exemplos de questões que fazem os momentos finais dos projetos se tornem momentos de negociação intensa. Nessas etapas, a criticidade se torna maior não necessariamente em função da complexidade do projeto, mas pela escassez de tempo que não permite serem feitas todas as preparações necessárias e adequadas para que os resultados sejam os melhores.

Em situações de conflito, quando as entregas do projeto são rejeitadas pelo cliente, quando submetidas à sua validação (problema muito comum quando o escopo não está bem definido), o gerente de projetos deve atuar para esclarecer os termos definidos. Se o que estiver escrito no contrato não permitir a interpretação clara e específica do produto/item do escopo que deve ser entregue, há que se discutir e se chegar a um acordo. Entregar a mais do que foi definido no escopo não é considerado uma boa prática, mas por outro lado, não entregar o que está definido no escopo é considerado uma não conformidade no projeto. Embora o ideal seja que a documentação pertinente (declaração de escopo, lista de requisitos, EAP – Estrutura Analítica de Projetos, memorial descritivo, etc.) defina claramente o que deve ser entregue, nem sempre isso ocorre e ao final surgem as discussões. Nas etapas finais, o negociador precisa agir rápido e usar sua capacidade de adaptação para, no meio do caos das tensas entregas, conseguir manter o equilíbrio necessário para realizar o fechamento do projeto dentro das expectativas das partes interessadas, de qualidade, prazos e custos.

A2. Negociação áspera

As negociações podem entrar em um processo árduo e traumatizante quando a postura dos negociadores é de disputa, de embate, pois enfrentam-se como se fossem adversários em busca de uma suposta vitória. Isso ocorre com frequência, principalmente quando o negociador, despreparado, usa de técnicas primitivas naturais de sobrevivência, por desconhecer qualquer outra forma de negociar. Pressupõe-se que todos à mesa de negociação estão dispostos a discutir o assunto, analisar as argumentações, procurar entender a situação do outro, ouvir as propostas, fazer contrapropostas e realizar adaptações. No entanto, nem sempre o outro lado está disposto a colaborar ou usa truques sujos com o objetivo principal de vencer, não importando o que o resultado causará aos demais.

A postura de um negociador áspero em relação aos demais pode ser de desconfiança, sendo duro, tratando os outros com ameaças, insistindo em posições que são vantajosas somente para si, e por vezes agindo de forma desrespeitosa. Quando pelo menos uma das partes tem esse tipo de postura, as discussões acerca do tema tendem a se tornar ásperas, as partes podem assumir posições inflexíveis e resistirem por mais tempo às propostas colocadas à mesa. Enquanto o clima permite que as negociações avancem, ainda há possibilidade de fechar um acordo; todavia, quando se chega a uma situação na qual os ânimos ficam exaltados, pode haver descontrole e até mesmo utilização de palavras que causarão arrependimento posterior. Este é o momento de buscar pelo equilíbrio e diminuir o "calor" da conversa.

Existem grupos de neurônios no cérebro humano chamados de amígdalas cerebelosas, responsáveis pela regulação do comportamento sexual e da agressividade, de onde vêm as proteções que visam à sobrevivência, sendo igualmente importantes para os conteúdos emocionais de nossas memórias. Durante uma situação de perigo, por exemplo, sinais neurológicos são transmitidos para o neocórtex, que é o responsável por analisar a situação de risco, que faz com que as amígdalas sequestrem o neocórtex, impulsionando a pessoa a tomar decisões pela emoção, sem razão, agindo instintivamente. Quando uma pessoa reage dessa forma, diz-se que sofreu um "sequestro de amígdala", por isso, popularmente se diz "perdeu a cabeça". Comumente, tal fato é seguido de arrependimento pelo que fez depois de as coisas se acalmarem (mesmo que a pessoa não revele isso). Quando se passa por uma situação de sequestro de amigdala, torna-se rude, agressivo, explosivo e desrespeitoso, sem perceber conscientemente esse modo de comportar-se.

Nas negociações, esse tipo de sequestro pode acontecer com o próprio gerente de projetos ou com qualquer outro negociador à mesa. Como parte de estratégias manipuladoras, há situações em que as ameaças ou provocações são premeditadas e propositais a fim de que o outro se descontrole. Assim, o interlocutor tem a chance de revidar e fazer com que a desestabilização emocional do negociador obscureça sua racionalidade, tirando-o do foco principal da negociação. Esse tipo de estratégia não é eficaz, pois as partes ficam mais emotivas, tornando-se menos capazes de ver os fatos com clareza suficiente para alcançarem seus objetivos. Estudos mostram que negociadores que ameaçam têm 50% menos de chances de chegar a um acordo do que aqueles que não ameaçam, diante dos mesmos fatos. Essa estratégia ineficaz é normalmente utilizada por quem não tem experiência ou habilidades em negociação. (DIAMOND, 2012).

Diante dessa tentativa de manipulação, o negociador precisa filtrar as ameaças/provocações, desviar-se ou até responder de uma forma inesperada. Quando alguém provoca outra pessoa, espera-se que sua reação seja de revidar. Quando a reação é totalmente diferente da esperada, frustra quem a fez. Por exemplo, um membro da equipe ao negociar com o gerente de projetos uma folga no final de semana, chama-o de injusto, ao que o gerente de projetos responde: "Não sei o que o faz pensar assim, mas eu tenho uma opinião diferente a seu respeito, considero-o uma pessoa criteriosa e assertiva".

Segundo Covey (2013), os seres humanos são dotados de autoconsciência e podem decidir se sua reação será de agressividade ou de racionalidade. O autor afirma que, entre o estímulo e a resposta encontra-se a liberdade de escolha. O autor esclarece que os seres humanos são responsáveis pelas suas próprias vidas, ou seja, dotados de livre escolha. Seus comportamentos são resultados de decisões tomadas por si mesmos, não de estímulos externos. O autor categoriza os seres humanos em reativos e proativos. Os reativos são afetados pelo ambiente social e constroem sua vida emocional em torno do comportamento dos outros, permitindo que as fraquezas alheias os controlem. Quando os outros os tratam bem, sentem-se bem. De acordo com o modelo proposto pelo autor, os proativos, ainda que submetidos aos mesmos estímulos externos, sejam estes sociais, físicos ou psicológicos, escolhem por respostas (conscientes ou inconscientes) com base em seus próprios valores, por isso assumem seus comportamentos e não culpam as circunstâncias, condições ou condicionamentos, baseados em sentimentos. (COVEY, 2013).

Thomas Jefferson foi o terceiro presidente dos Estados Unidos da América (1801-1809), nascido na Virginia (costa leste do país), o principal autor da Declaração de Independência dos Estados Unidos (1776) e é citado como um dos principais personagens da história norte-americana. Reconhecido por sua capacidade de conseguir bons acordos políticos e como um exímio negociador (negociou com Napoleão Bonaparte a compra da parte de terra que então pertencia à França, chamada Louisiana). Thomas construiu a seguinte frase: "Se ficar zangado, conte até dez antes de dizer qualquer coisa. Se não tiver se acalmado, conte até cem. Se não estiver calmo mesmo depois disso, conte até mil". Em uma negociação, quando todos estão zangados, não adianta aderir. Nesse caso, é melhor ser proativo e escolher em alternar o humor, impedindo que as próprias emoções se igualem as dos demais.

A3. Negociação com pessoas difíceis

Muitos já passaram por negociações difíceis, seja com um vendedor insistente, um adolescente insuportável, um cliente inflexível ou um patrocinador intransigente. Em qualquer ambiente, seja profissional ou pessoal, é comum encontrar pessoas difíceis. Ao encarar uma negociação com esses tipos de personalidades, provavelmente a negociação também será difícil. Assim, a preparação para as discussões necessita de uma estratégia específica, passando por alternativas de solução para eventuais impasses que levem a rupturas, mesmo antes de se chegar a um acordo.

Para esse tipo de negociação, em geral, pouco desejável, o profissional precisa estar preparado, caso contrário o resultado poderá ser o somatório de frustração, raiva e metas não atingidas. Segundo Armstrong (2008) é preciso entender que os interlocutores podem ser difíceis e deve-se ser capaz de antever os problemas, para que possam ser endereçados antes que surjam. Sem preparação, e no pior dos casos, talvez nem se consiga iniciar a negociação, pois a pessoa se recusa a ouvir, a discutir o assunto e não dá a abertura necessária para que haja um acordo. Por exemplo, o gerente de projetos procura o patrocinador para negociar uma mudança necessária e vantajosa ao projeto, porém, o mesmo se nega a avaliar os benefícios. O resultado de frustração e aborrecimento pela intransigência do outro pode levar à vontade de contra-atacar ou simplesmente desistir da negociação, por querer se livrar de ter de interagir com determinada pessoa. Quanto ao contra-ataque, isso somente provoca ainda mais o interlocutor e o deixa mais inflexível. Quanto à desistência, isso obviamente não converge para o objetivo final e, usando o exemplo anterior, se houver desistência do gerente, os benefícios para o projeto não serão alcançados.

Há também a possibilidade de que a pessoa, inesperadamente, se torne difícil, mesmo que sua reputação ou seu comportamento passado indique uma personalidade aberta, gentil e atenciosa. Sob pressão, mesmo pessoas simpáticas e sensatas podem se transformar em oponentes irritados e intratáveis. As negociações podem entrar em um impasse ou não dar em nada, consumindo tempo e ainda causando problemas de relacionamento. Nesse caso, a capacidade de adaptação e a inteligência emocional para lidar com os surtos inesperados são necessários para que não se perca de vista o objetivo final.

O gerente de projetos pode pensar que há interlocutores difíceis em uma negociação, mas vale lembrar que os mesmos podem estar igualmente convencidos de que quem está sendo difícil é o próprio gerente de projetos. Pior, talvez nem saiba e nem perceba isso. Assim, quando for avaliar uma situação, o primeiro passo é se perguntar se o problema não está sendo causado pelo próprio comportamento, talvez intransigente e inflexível, em vez do comportamento dos outros. Normalmente se dá o "troco na mesma moeda", portanto é necessário entender se o que acontece é em função de algo que o próprio negociador fez ou disse. A dificuldade que se defronta não só tem origem na atitude do outro, mas na própria reação, que pode facilmente vir a perpetuar o comportamento que se queira modificar. (URY, 1991).

O próprio gerente de projetos pode ser uma pessoa difícil e nem saber disso. Sob outra ótica, em uma situação difícil em que há negociadores hostis, adotar uma perspectiva mais ampla pode ajudar, ao perceber-se que o comportamento independe do negociador, pois devem existir outros motivos para aqueles comportamentos, evitando-se conduzir as questões para o lado pessoal. Segundo Cutler e Lama (2004), os acessos de hostilidade estão muitas vezes ligados a problemas bem diferentes, talvez até com problemas domésticos. Às vezes, tende-se a esquecer essas verdades elementares.

Dentre as razões pelas quais alguns se tornam difíceis (seja o próprio negociador ou os outros), destacam-se: disputas por poder e rivalidade, ceticismo, orgulho, metas conflitantes, insegurança e indecisão, falta de confiança, ambição frustrada, ofensas passadas, sensibilidade a críticas, arrogância e insensibilidade às necessidades dos outros, além do fato de não conseguirem que as coisas aconteçam da maneira que desejam.

Para superar os obstáculos colocados por interlocutores difíceis, primeiramente é necessário entender o que está por trás da situação, buscando compreender o que os leva a não quererem cooperar. Muitas vezes, julga-se que se está correto ou que outros estão errados e, portanto, há uma recusa em se analisar os argumentos apresentados. Vendo-se acuada pela pressão de argumentos contundentes, entendendo que se trata de um ataque pessoal, a pessoa pode revidar com táticas agressivas para se defender ou até mesmo contra-atacar, não porque é insensata ou maldosa, mas por não conhecer outra forma de negociar. (URY, 1991). Quando não se sabe negociar, age-se de forma instintiva, deduzindo que a negociação é uma disputa, onde há um ganhador e um perdedor, que sua única opção é lutar para que seja vencedor.

Pessoas difíceis, por seu perfil inflexível, normalmente têm o "não" como primeira resposta para qualquer proposta apresentada, qualquer que seja. Procuram ser intransigentes mesmo antes de avaliar o que está sendo colocado na mesa de negociação. De acordo com Ury (1991), para "superar o não" é necessário vencer todas as barreiras à cooperação, constituindo cinco desafios dos quais se enfrenta com pessoas difíceis:

1. **Não reagir.** Em vez de reagir a emoções negativas dos outros, o negociador deve se concentrar em estabelecer seu equilíbrio emocional e manter-se concentrado no que almeja. Normalmente reagir negativamente somente o afasta de seus objetivos.

2. **Desarmar o outro.** O negociador precisa ajudar o outro a recuperar seu equilíbrio emocional e arrefecer suas emoções negativas, tornando o clima favorável para a negociação. Surpreender e reagir diferentemente do que se espera, surtirá em um resultado positivo. Reconhecer a autoridade e a competência do outro também pode ajudar a desarmá-lo.

3. **Mudar o jogo.** O foco deve ser a solução dos problemas e a busca do acordo. Para tanto, deve-se contornar os obstáculos, desviar-se dos ataques e neutralizar as táticas conhecidas. Uma boa forma de mudar o jogo é reformular o que foi dito, dando uma forma diferente ao que o interlocutor disse, de modo a dirigir sua atenção para o problema de satisfazer a necessidade de ambos. Adicionalmente, sugere-se realizar perguntas voltadas à solução do problema e questionar os porquês de suas colocações.

4. **Facilitar o sim.** Quando o outro estiver envolvido na negociação, é hora de vencer seu ceticismo e conduzi-lo a um acordo mutuamente satisfatório. Há razões muito boas para que o outro simplesmente diga não: a ideia não é dele; seus interesses não foram satisfeitos; medo do desprestígio e o processo parece grande demais e o tempo para analisar é curto. Portanto, há que se considerar cada ponto apresentado para se construir um acordo.

5. **Dificultar o não.** O outro ainda pode pensar que sua vontade deve prevalecer por sentir-se mais forte e recusar-se a chegar a um acordo. Em vez de usar o próprio poder para fazer o outro "cair de joelhos", deve-se auxiliá-lo para que caia em si, ou seja, para que entenda que as proposições são as mais viáveis e vantajosas para ambos.

Quando se leva a negociação para o lado pessoal, principalmente quando a substância é o tratamento de um problema, a tendência é de que haja desentendimentos, irritação e aborrecimento. Fisher e Ury (2014) defendem a negociação baseada em princípios que propõe um método onde a primeira etapa é a de entender que os problemas são distintos das pessoas e, portanto, deve-se separar as pessoas dos problemas. Segundo eles, se os negociadores se encararem como adversários, em um confronto face a face, será difícil desenredar seu relacionamento do problema substantivo. Nesse contexto, qualquer coisa que um dos negociadores diga sobre o problema parecerá direcionada pessoalmente ao outro e será assim entendida. Cada um tenderá a se tornar defensivo e reativo, ignorando os legítimos interesses do outro lado. (FISHER; URY, 2014).

Ainda que seja difícil realizar este isolamento, é salutar agir de forma branda, mesmo que sejam pessoas com quem não se tenha uma afinidade maior ou que no passado tenha havido conflitos, e agir com severidade com os problemas. Em uma negociação há questões substantivas acerca do problema: prazos, orçamento, premissas, restrições e números, mas também há questões de relacionamento: confiança, aceitação, entendimento mútuo e comportamento. De acordo com Fisher e Ury (2014), geralmente se supõe que exista uma troca de concessões entre a busca de um bom resultado substantivo e a de um bom relacionamento, porém, nem sempre isso é aceito como válido. Os autores defendem que uma boa relação de trabalho tende a facilitar a obtenção de bons resultados substantivos para ambos os lados e bons resultados substantivos tendem a tornar ainda melhores os bons relacionamentos.

Referências

ABREU, Antônio Suárez. **A arte de argumentar**: gerenciando razão e emoção. 12. ed. São Paulo: Ateliê Editorial, 2009.

ANDRADE, Lucymara Alves de; LEITE, Rosângela Curvo; RIO, Vivian Cristina. Como vencer a barreira cultural nos negócios. Disponível em: <http://www.negociarbem.com.br/como-vencer-a-barreira-cultural-nos-negocios/>. Acesso em: 29 ago. 2015.

ARMSTRONG, Michael. **Como ser um gerente melhor**. São Paulo: Clio, 2008.

BAKER, Alan. **Técnicas de Comunicação.** 3. ed. São Paulo: Clio, 2007.

BATEMAN, T.S.; SNELL, S.A. **Administração**: novo cenário competitivo. 2. ed. São Paulo, Atlas: 2009.

CAMPOS, Stela; GIARDINO, Andrea; FACCHINI, Cláudia. Acordos impedem o 'roubo' de talentos. Infomet. 06 out. 2006. Disponível em: <http://www.infomet.com.br/site/noticias-ler.php?bsc=ativar&cod= 29912 >. Acesso em: 24 jul. 2015.

CARLOTO, Gaetano. **Soft skills**: com-vincere com le competenze trasversali e raggiungere i propri obiettivi. Milano: FrancoAngeli, 2015.

CARNEGIE, Dale. **Como fazer amigos & influenciar pessoas**. 51. ed. São Paulo: Companhia Editora Nacional, 2003.

CARVALHO JR., José Maria da Silva. Os tipos psicológicos. Psicologia Junguiana. 15 abr. 2010. Disponível em: <http://psicologia-cgjung.

blogspot.com.br/2010/04/os-tipos-psicologicos.html>. Acesso em: 24 out. 2015.

CASADO LUMBRERAS, Cristina. **Entreinamento emocional en el trabajo**. Madrid: ESIC Editorial, 2009.

CIALDINI, Robert B. **As armas da persuasão**. Rio de Janeiro: Sextante, 2012.

COHEN, Alan R.; BRADFORD, David L. **Influência sem autoridade**. São Paulo: Évora, 2012.

COLEMAN, Daniel. **Inteligência Emocional**: a teoria revolucionária que redefine o que é ser inteligente. Rio de Janeiro: Objetiva, 2001.

COVEY, Stephen R. **Os 7 hábitos das pessoas altamente eficazes**. 48. ed. Rio de Janeiro: BestSeller, 2013.

CUTLER, Howard C.; LAMA, Dalai. **A arte da felicidade no trabalho**. São Paulo: Martins Fontes, 2004.

DAYCHOUM, Merhi. **40+4 Ferramentas e Técnicas de Gerenciamento**. 3. ed. Rio de Janeiro: Brasport, 2010.

DIAMOND, Stuart. **Consiga o que você quer**. Rio de Janeiro: Sextante, 2012.

DOMINGOS, Carlos. **Oportunidades disfarçadas**. Rio de Janeiro: Sextante, 2009.

DUZERT, Yann. **Manual de negociações complexas**. Rio de Janeiro: FGV, 2007.

EMPRESAS DO SETOR DE TECNOLOGIA TINHAM ACORDO PARA NÃO CONTRATAR TALENTOS DE RIVAIS. 23 jan. 2013. **Veja**. Disponível em: <http://veja.abril.com.br/noticia/vida-digital/gigantes-mantinham-acordo-de-cavalheiros-para-impedir-contratacao-de-funcionarios-entre-empresas-rivais/>. Acesso em: 18 ago. 2015.

FARIA, Fabio. Qual o melhor momento para o Outsourcing de TI nas organizações? In: ALBERTIN, Alberto Luiz; SANCHEZ, Otavio

Próspero. **Outsourcing de TI**: impactos, dilemas, discussões e casos reais. Rio de Janeiro: Editora FGV, 2008, pp. 11-26.

FERRAZ, Eduardo. **Negocie qualquer coisa com qualquer pessoa.** São Paulo: Gente, 2015.

FERREIRA, Gonzaga. **Negociação**: como usar a inteligência e racionalidade. São Paulo: Atlas, 2008.

FISHER, Roger; URY, Willian. **Como chegar ao sim.** 3. ed. Rio de Janeiro: Solomon, 2014.

FURNHAN, Adrian; PETROVA, Evgeniya. **O corpo fala nos negócios**: como decifrar as pessoas e transmitir mensagens eficazes com os segredos da linguagem corporal. São Paulo: Gente, 2011.

HARVARD BUSINESS SCHOOL PRESS. **Comunicação pessoal impecável.** Rio de Janeiro: Elsevier, 2004.

HERK, Nicole A.; THOMPSON, Richard C.; THOMAS, Kenneth W.; KILMANN, Ralph H. International Technical Brief for the Thomas-Kilmann conflict mode instrument. 2011. Disponível em: <http://www.kilmanndiagnostics.com/system/files/TKI_International_Brief.pdf>. Acesso em: 14 jul. 2015.

IPMA BRASIL. **National Competence Baseline (NCB)** – Referencial Brasileiro de Competências do IPMA Brasil. versão 3, revisão 3.1., 2012.

JUSBRASIL. Art. 33 da Lei de Licitações – Lei 8.666/93. Disponível em: <http://www.jusbrasil.com.br/topicos/11308159/artigo-33-da-lei-n-8666-de-21-de-junho-de-1993>. Acesso em: 24 jul. 2015.

LEMPEREUR, Alain Pekar; COLSON, Aurélien; DUZERT, Yann. **Método de negociação.** São Paulo: Atlas, 2009.

MALHOTRA, Naresh. **Pesquisa de mercado**: foco na decisão. 3. ed. São Paulo: Pearson Prentice Hall, 2011.

MANUEL DASÍ, Fernando de; MARTÍNEZ-VILANOVA MARTÍNEZ, Rafael. **Técnicas de negociación**: un método práctico. 7. ed. Madrid: ESIC Editorial, 2009.

_____. **Comunicación y negociación comercial.** 2. ed. Madrid: ESIC Editorial, 1996.

MELLO, José Carlos Martins F. de. **Negociação baseada em estratégia.** 3. ed. São Paulo: Atlas, 2012.

OCHMAN, Renato. **Vivendo a negociação**: estratégias, técnicas negociais e jurídicas e modelos de contrato para fechar o melhor negócio. São Paulo: Saraiva, 2009.

PMI® – Project Management Institute. **Project Management Body of Knowledge (PMBOK® Guide).** 5. ed. Pennsylvania: Project Management Institute, 2013.

_____. **Project Management Competence Development Framework.** 2. ed. Pennsylvania: Project Management Institute, 2007a.

_____. **Código de ética e conduta profissional do PMI®.** Project Management Institute. 26 jan. 2007b. Disponível em: <http://www.pmi.org/~/media/PDF/Ethics/ap_pmicodeofethics_POR-Final.ashx >. Acesso em: 18 ago. 2015.

PMSURVEY.ORG. Relatório mundial 2014 de Gerenciamento de Projetos. Disponível em: <http://www.pmsurvey.org>. Acesso em: 21 nov. 2015.

PORTER, Michael E. **Competição**: estratégias competitivas essenciais. Rio de Janeiro: Elsevier, 1999.

RABECHINI JR., Roque. **O gerente de projetos na empresa.** 3. ed. São Paulo: Atlas, 2011.

ROQUE, Sebastião José. **Direito contratual civil-mercantil.** 2. ed. São Paulo: Ícone, 2003.

SROUR, Robert Henry. **Ética empresarial.** 3. ed. Rio de Janeiro: Elsevier, 2008.

TERRIBILI FILHO, Armando. Comunicação, liderança e negociação: os principais soft skills de um gerente de projetos. 27 jul. 2015. Disponível em: <http://www.impariamo.com.br/base-de-conhecimento/artigos/carreira/item/463-comunicacao-lideranca-e-negociacao-os-principais-soft-skills-de-um-gerente-de-projetos>. Acesso em: 12 ago. 2015.

TORRES, Cláudio Vaz; NEIVA, Elaine Rabelo. **Psicologia social**: principais temas e vertentes. Porto Alegre: Artmed, 2011.

TURBAN, Efraim; RAINER JR., R. Kelly; POTTER, Richard E. **Introdução a Sistemas de Informação:** uma abordagem gerencial. Rio de Janeiro: Elsevier, 2007.

URY, Willian L. **Supere o não.** São Paulo: Best Seller, 1991.

XAVIER, Carlos Magno da Silva; WEIKERSHEIMER, Deana; LINHARES, José Genaro; DINIZ, Lucio José. **Gerenciamento de aquisições em projetos.** 2. ed. Rio de Janeiro: FGV, 2010.

WHEELER, Michael. **A arte da negociação:** como improvisar em um mundo caótico. São Paulo: Leya, 2014.

ZUCCATO, Francisco. **Gerenciamento das aquisições em projetos.** Rio de Janeiro: Elsevier, 2014. (Coleção Grandes Especialistas Brasileiros em Gerenciamento de Projetos).

PMI®, PMP®, PMBOK® e PMI-RMP® são marcas registradas do Project Management Institute.

Índice Remissivo

A

Acordo de Cavalheiros 155, 156
Acordo de Nível de Serviço. Veja SLA
análise de causa raiz 92, 143
ANS. Veja SLA
aquisições 162, 163
   combinação técnica/preço 147
   estrutura centralizada 162
   estrutura descentralizada 162
   Lei 8.666 153, 166
Argentina 109
aspectos culturais 107
   Argentina 109
   China 109
   Estados Unidos 109
   França 109
   Índia 110
   México 109
atitudes
   buscar afinidades 120
   chamar pelo nome 120
   conflitos de interesse 40
   corrupção 40
   cuidar da aparência 120
   cuidar da apresentação 121
   espelhar o comportamento 121
   estar otimista 120
   fazer elogios 121
   honestidade 40
   pesquisar cultura e hábitos 121
   rapport 119, 120
   saber dizer não 39
   sorrir 120
   suborno 40
autoridade limitada
   táticas e contratáticas 72

B

back-to-back 89
BATNA. Veja MACNA
Bill Gates 100
blefe
   táticas e contratáticas 71
bode
   parábola 77

C

caso real 88, 91, 103, 134, 138, 142, 144, 152, 154, 160
   com cliente externo, 142
   com cliente interno, 144
   com equipe do projeto, 160
   com fornecedor, 152
   com parceiros de negócios, 154
   com patrocinador, 138
   de compreensão, empatia e confiança 91
   de compromisso 88
   de estereótipos 103
   o que se negocia 134
China 109
colocar o bode na sala 77
comodato 49
competências comportamentais
   IPMA 33
compreensão 90
compromisso 85
comunicação 79
concorrências públicas 153, 166
confiança 90
conflitos de interesse 40
consultoria 24, 91-93, 140-143, 154-156, 160-162
contraste 76

contrato 86-89, 91-93, 150, 154, 163, 166, 167
  back-to-back 89
corrupção 40
critérios de aceite 87, 89, 164, 166

D

diferentes percepções 82
dimensões da negociação 55
disseminação tecnológica
  padrão 145
dividir a diferença
  táticas e contratáticas 72

E

elementos para negociação
  aspectos culturais 107
  compreensão 90
  compromisso 85
  comunicação 79
  confiança 90
  empatia 90
  equilíbrio 94
  estereótipos 101
  liderança 104
  persuasão 98
empatia 90
equilíbrio 94
escopo de projeto 32, 40, 41, 69, 71, 89, 91, 122, 131, 136, 141, 166, 167
Estados Unidos 109
estereótipos 101
estilos de negociadores 50
  Gente Boa 52, 54
  Lutador 50, 54, 99
  Objetivo 53, 54
  Sobrevivente 51, 54
etapas da negociação 111
  abertura e apresentação 119
  avaliação 129
  definição da estratégia 112
  escolha das táticas e papéis 116
  exploração 122
  fechamento 127
  planejamento e preparação 113
  tentativa de acordo 124
ética 38, 40

F

Fator Crítico de Sucesso. Veja FCS

fazer ou comprar 146
FCS 144
fornecedores
  avaliação comercial 148
  avaliação final técnica/preço 149
  avaliação técnica 148
  etapas de seleção 152
França 109

G

Gente Boa 52, 54
Gerenciamento de Projetos 32
governança 40
Guia PMBOK® 32, 33, 91, 136
  habilidades interpessoais 90

H

habilidades interpessoais 90
home-office 42, 157, 160
honestidade 40

I

impasse
  táticas e contratáticas 72
Índia 110
Indicador de Satisfação do Patrocinador. Veja ISP
influência
  coerência 67
  competência 66
  interesse 66
  reciprocidade 66
  relacionamento e afeição 66
International Project Management Association 33
IPMA
  competências comportamentais 33
ISP 142

J

Janela de Johari 46, 47
Johari 46, 47
Jung 94
  tipos 95

K

Kennedy 21

L

Lei 8.666 153, 166

lições aprendidas 29, 55, 143
liderança 33, 41, 57, 66, 79, 80, 90, 104, 105, 107, 153, 154
   de supervisão 104
   estratégica 104
linguagem corporal 85
linguagem não verbal 123
Lutador 50, 54, 99

M
MAANA. Veja MACNA
MACNA 48, 49, 63, 117, 118, 125, 166
   definição 48
   sinônimos 48
make or buy 146
mapa de decisão tática 118
mapa de influência 58, 59
MAPAN. Veja MACNA
MAPUANA. Veja MACNA
Maquiavel 140
Melhor Alternativa em Caso de Não Acordo. Veja MACNA
México 109
Microsoft 100
migalhas
   táticas e contratáticas 70

N
negociação
   áreas internas 161
   arte 35
   aspectos culturais 107
   áspera 167
   atitudes e posturas 39
   coerência 67, 73, 74, 75
   com cliente externo 140
   com cliente interno 143
   com equipe do projeto 157, 159
   com fornecedor 146
   com parceiros de negócios 153
   com patrocinador 136
   com pessoas difíceis 170
   compreensão 90
   compromisso 85
   comunicação 79
   conceito 34
   confiança 90
   conflitos de interesse 40

conhecimento das técnicas 57
conhecimento do assunto 58
conhecimento do negócio 58
consenso 62
corrupção 40
crítica 165
dimensões 55
empatia 90
equilíbrio 94
estereótipos 101
estratégias 45
etapas 111
ética 38, 40
fatores envolvidos 63
fundamentos 31
governança 40
habilidade de relacionamento 56
história 34
honestidade 40
impasse 72, 124, 125, 170, 171
influência 66
informação 64
o antes 111, 112
o depois 111, 129
o durante 111, 119
preparação 60
registro dos interesses 116
regras 59
relacionamento ou resultados? 49
saber dizer não 39
situações atípicas 165
suborno 40
táticas e contratáticas 68
tecnologias 42
tempo 60, 67
negociação áreas internas
   Compras 161
   Financeiro 161
   Jurídico 161

O
o melhor pelo menor preço
   táticas e contratáticas 69
O Poderoso Chefão 37
outsourcing 91

P
parábola do bode 77

partes interessadas 113
   registro de informações 115
Pascal 75
pegar ou largar
   táticas e contratáticas 71
persuasão 98
pessoas difíceis 170
   desarmar o outro 173
   dificultar o não 173
   facilitar o sim 173
   mudar o jogo 173
   não reagir 172
PMBOK® 32, 33, 91, 136
   habilidades interpessoais 90
PMI®
   habilidades interpessoais 90
pressa
   táticas e contratáticas 70
princípio do contraste 76
Procurement 161
Project Management Institute. Veja PMI®
projetos
   definição do PMI® 27
   equipes virtuais 43
   escopo 32, 40, 41, 69, 71, 89, 91, 122, 131, 136, 141, 166, 167
   lições aprendidas 29, 55, 143
   negociação com a equipe 157, 159
   negociação com cliente externo 140
   negociação com cliente interno 143
   negociação com fornecedor 146
   negociação com parceiros de negócios 153
   negociação com patrocinador 136
   negociação interna com Compras 161
   negociação interna com Financeiro 161
   negociação interna com Jurídico 161
   requisitos de qualidade 32, 131, 133

R
rapport 119, 120
razão *versus* emoção 94

Request for Information. Veja RFI
Request for Proposal. Veja RFP
reservas de contingência 137
RFI 151
RFP 151

S
Service Level Agreement. Veja SLA
SFP 142, 143
Síndrome de Finalização de Projeto. Veja SFP
SLA 91, 93
Sobrevivente 51, 54
soft skills 90
SOW 163, 166
Statement of Work. Veja SOW
suborno 40
   táticas e contratáticas 73
surpresa
   táticas e contratáticas 70

T
táticas e contratáticas
   autoridade limitada 72
   blefe 71
   dividir a diferença 72
   impasse 72
   migalhas 70
   o melhor pelo menor preço 69
   pegar ou largar 71
   pressa 70
   suborno 73
   surpresa 70
   vantagens futuras 73
Thomas Jefferson 170

V
vantagens futuras
   táticas e contratáticas 73

W
War Room 160